MICHAEL LAITMAN

KABALA'NIN İFŞASI

ISBN: 978-1-77228-075-3

© Laitman Kabbalah Publishers

YAZAR: Michael LAITMAN

www.kabala.info.tr

KAPAK: Laitman Kabbalah Publishers
BASIM TARİHİ: 2023

Kabalanın İfşası   M. Laitman

İçindekiler

SUNUŞ 2

Ders 1 – Genel Bir Bakış 3

Ders 2 – Realiteyi Algılamak 15

Ders 3 – Gelişim Gücü ve Istırabın Anlamı 30

Ders 4 – Yaratılan Varlığın Yaratılışının 4 Aşaması 43

Ders 5 – 6. His – Duyu 53

Ders 6 – Form Eşitliği 66

Ders 7 – O'ndan Başkası Yok 1. Bölüm 77

Ders 8 – Ondan Başkası Yok 2. Bölüm 88

Ders 9 – Özgür Seçim 1. Bölüm 99

Ders 10 – Özgür Seçim 2. Bölüm 111

Ders 11 – Kabala ve Din Arasındaki Fark 123

Ders 12 – Amacı Tanımlamak 134

Ders 13 – İfşa ve Gizlilik 147

Ders 14 – Cansız, Bitkisel, Hayvansal, İnsan 161

Kabalanın İfşası M. Laitman

SUNUŞ

Bu kitap Kabala İlmini öğrenmeye yeni başlayan insanlar için düzenlenmiş çok özel bir eğitim setini içermektedir. Başlangıçta bir eğitim seti olarak düşünülen bu dizi aynı zamanda video serisi olarakta düzenlenip bir çok dilde yayınlanmıştır. Bu yüzden ders metinlerinde yer alan konuşma metinleri yapılan video çalışmasına yönelik sonradan eklenmiştir.

Kitabın daha anlaşılır olacağını umduğumuzdan bu şekliyle yayınlamaya karar verdik.

Ders 1 – Genel Bir Bakış

Kabalanın ifşası ders serisine hoşgeldiniz. Öncelikle sizlere kısaca bu yüzyılımızda Kabala İlmini öğreten öğreticilerimizin sıralamasını vermek istiyoruz. (Merdivenin Sahibi) ve 20.yy'ın en önde gelen kabalisti olarak bilinen Baal HaSulam yani Kabalist Yehuda Aşlag'ın ve Baal HaSulam'ın oğlu ve öğrencisi olan Kabalist Baruh Aşlag'ın öğrencisi Kabalist Michael Laitman'ın öğretim kaynaklarından faydalanacağız.

Hocalarımızın sıralamasını veriyorum çünkü manevi edinimde bir öğretmen sırası vardır ve bugün bahsedeceğimiz şey otantik kabala. Biz sizlere akademik bir açıdan değil ama uygulayanlar açısından bir bakış sunacağız – yani Kabalistlerin açısından. Bu dizide sadece otantik kabalaya yaklaşım değil aynı zamanda temel kavramları ve bu ilimin kişiye ve size nasıl açılabileceğinin üzerinden geçeceğiz – çünkü bu bir ilimi çalışma ve yeni bir düşünce tarzı edinme metodu ve alışılmış dünyevi yaklaşımımızdan çok farklı. Her beceride olduğu gibi temelleri çok iyi bilmek gerekmektedir. Önümüzdeki derslerde önemli olan bu temellerin hepsinin üzerinden geçeceğiz.

Bu derste genel olarak kabala nedir bir bakalım çünkü kabala ile ilgili bir çok kafa karışıklığı yaratan şey ilişkilendirilmiştir. Kabala ile ilgili bir çok şey bulabilirsiniz dışarda. Her yıl kabala ile ilgili yüzlerce kitap çıkmakta ama otantik kabala ile hiç bir ilgileri yok. Yazılanlar genelde insanların sağdan soldan toparladıkları temelsiz bilgilerin harmanlaştırılıp kişisel hayallerine göre sunumları. Bu aslında onların suçu da değil. Kabalanın ne olduğunu bilmeye dair büyük bir merak, buna yönelik bir his, güçlü ve gizli olduğuna dair bir anlayış her zaman vardı.

Kabalaya gizli ilim denilmesinin 3 nedeni vardır. Birincisi kabalistler tarafından özellikle gizlenilmiş olduğundan. Kabalanın insanlara öğretilmesi ilk 4000 yıl kadar öncelerine Hazreti İbrahim'e dayanmaktadır MÖ 1947-1948 yıllarına. Milat tarihinin başlangıcına kadar geçen 2000 yıllık süreçte bu öğreti gizlenmeden halka öğretilmekteydi. Hz İbrahim'in çadırının önünde oturup geçen yolculara gösterdiği misafirperverlik hikâyesini biliyoruz. Sunduğu yiyecek ve içeceklerle birlikte aynı zamanda insanlara bu ilmi anlattığını da biliyoruz. O dönemlerde var olan ruhlar bizim neslimize göre daha arıydılar ve bu öğretiyi daha doğal olarak anlayabildiler.

Ancak milat döneminin başlamasıyla yeni bir dönem başladı ve o dönemden bu döneme kadar insanların kabala ile ilgili bir şeyler anlaması imkânsız oldu. Milat döneminin başlamasıyla dinler ortaya çıktı ve dünyanın nasıl işlediği, evren, Yaradan konularıyla ilgili spekülasyonlar insanların hayal gücüyle ortaya çıkmaya başladı ve insanoğlu gelişimine bu şekilde devam etti. İçinde bulundukları bu yeni koşul nedeniyle de Kabalistler bu ilmi sakladılar.

Eğer ilmi açacak birisi yoksa hala kitaplar var. İşin bir gizli yanı da kitapların çok özel bir dille yazılmış olmaları ve okuyan her hangi bir kişi bunu bilmediğinden okuyanın anlaması mümkün değildir. Tüm otantik manevi kitaplar dalların dili olarak adlandırılan bir dille yazılmışlardır. Bu dünyadan kelimeler ve cisimler ve tanımlar kullanarak – örneğin masa, savaşlar, aile, bardak, seyahat – gibi nosyonlar örneğin Hz Musa'nın 5 kitabında ki bunlar kabalistik kitaplardır – bu dünyadan hiç bahsetmemektedirler. Otantik Kabalist kitapların hiç birinde bu dünyadaki hiç bir şeyden bahsedilmez. Sadece doğada var olan tek güçten gelen güçlerin bu dünyayı yaratıp muhafaza edişinden bahseder.

Kabalistler bahsettikleri esas konuyu anlatmak için özel bir dil kullandılar ve sadece bunu hocasından öğrenen bir öğrenci aynı şekilde duyup anlayabilir. Şimdi bizim dünyamızın sonuçlar dünyası olmadığını anlayabiliriz – bu dünya sonuç dünyası. Bu dünyada yaptığımız hiç bir şeyin geldiğimiz yer olan Üst Dünyalarda hiç bir etkisi yoktur, bu dünyada gördüğümüz her şey sadece manevi dünyalardaki köklerimizde olanların sonucudur. Bu dünyada fiziksel olarak yapılan hiç bir şeyin etkisi yoktur ve bu yüzden problemlerimizi çözmek için yaptığımız şeylerin sonuca yönelik hiç bir etkisi yoktur. Sadece köklerle olan bir bağlantı yani sebeple olan bir ilişki bu dünyada etki yaratabilir ve Kabala ilmi bununla ilgilenmektedir.

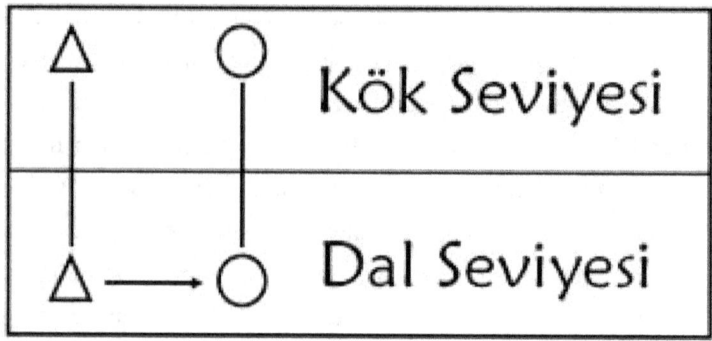

Bizim realitemiz öyle bir şekilde inşa edildi ki üzerinde bir dünya ve altında da bir dünya var diyebiliriz tabir olarak. Dalların dili aşağıdaki dünyada nelerin olduğuna işaret eder. Diyelim ki örnek olarak bir "aileden" bahsediyor: örneğin kabalistik bir kitapta okuduğunuz bir hikâye. Hikâyedeki aile bir yere taşınıyor buna bir toprak adı veriliyor, ancak kabalistler bundan bahsetmiyorlar. Soyut olan manevi üst güçlerden bahsediyorlar, yani bu dünyada ki olayların olmasına sebep olan güçlerden bahsediyorlar. Sadece bunu bilen erdemli bir kişi tam olarak burada nelerin olduğunu anlayabilir. [Çizime bakarak] Bu dalların seviyesi ve bu da köklerin seviyesi. Eğer kişi tam olarak dalların diliyle yazılan bu yazıları nasıl okuyacağını öğrenemezse yazılan her şeyi sanki bu dünyadan bahsediyormuş gibi sanar.

Yukarıda bahsettiğimiz ilmin gizlilik nedenlerinden dolayı öğreti zincirinde sınırlı olmasından ve bu nedenlere ek olarak insan merakının var oluşu Kabala ilmini insanların fantezilerine göre değerlendirmelerini sağlamıştır ve bu yüzden hiç gerçekle ilişkisi olmayan şeylerle kabala ilmini ilişkilendirmişler ve doğru öğreti olmadan kafalarına göre yazılanları anlamışlardır.

Bu yüzden kabala ilmiyle ilgili bir çok gerçek dışı şey üretilmiştir ve bunların bazılarını kabalanın temel kavramlarını çalıştıkça ilerde göreceğiz. Bu yanlışlardan bir tanesi Kabalanın Yahudi mistisizmi olduğudur. Kabala bir din değildir ve mistisizm de değildir. Kabala tüm dinlerden önce var olan bir öğretiydi. Din Yaradan'dan kopukluğun sonucu olarak ortaya çıkan bir fenomen. Dinle ilişkilendirilmesinin nedeni dini kitaplar olarak benimsediğimiz kitapları kabalistlerin yazmasından ve bu kitapların kutsal olduğunu söylemelerinden kaynaklanıyor. Tüm dini gelenekler Kabalistler tarafından oluşturuldu, ancak bu kitaplarda yazılan hiç bir şeyle bizim bir kontak noktamız yok. Kabalanın Yahudilikle ilişkisi komada olan bir kişinin bu dünyayla ilişkisinden farksızdır.

Mistisizm konusuna gelince, Kabala bir ilimdir mistisizm değil. İçinde bulunduğumuz hayatta anlayamadığımız ve direkt olarak bir bağ kurup idrak edemediğimiz olaylara mistisizm ya da büyü falan deniliyor çünkü bilinçli olarak nasıl olduğunu bilmiyoruz. Diyelim ki dünyanın ıssız bir yerinde hiç teknoloji ve medeniyet görmemiş bir kabileye bir çakmak gösterdiğinizi düşünün; size ateş tanrısı derler, elinden ateş çıkartabilen bir varlık oluyorsunuz. Dolayısıyla cahillerin mistisizmi erdemliler için bilimdir denir.

Ve büyücülük? Büyücülük üst güçlerin insanları kontrol edip kendi çıkarlarınız için kullanmak ve buna benzer şeyler olarak bilinir. Ancak bu tümüyle imkânsızdır çünkü var olan tek Üst Güçle bağ kurabilmeniz için içsel değerlerinizi ve doğanızı tümüyle değiştirmeniz lazım. Kabala içsel değişimin edinilmesidir ve bu değişim olmadan üst güçlerle bir bağınızın olması mümkün değildir. Bu tür şeyler sadece insanların garip hayal gücünden doğan şeyler.

Bir başka yanlış anlama kabala çalışmak için Yahudi olma gerekliliğidir. Bu tümüyle yanlıştır. Kabalistler nesiller boyunca Yahudi olmayan birçok kişiye bu ilmi öğrettiler. Hatta en büyük kabalistler Yahudi bile değildi örnek olarak Ankalos, Kabalist Akiva ve birçok diğer kabalist. Kabalistler değerli olan her öğrenciyi kabul ettiler ve bu seçim kimsenin dinine, ırkına veya dünyevi her hangi bir niteliğine göre değildi, sadece içsel bir nitelik olan kalpteki nokta denilen bir özelliğe bağlıydı.

Bir diğer yanlış anlama ise kabala çalışmaya başlamadan önce tüm dini kitapları ve kanunları bilmenin zorunluluk olması düşüncesiydi. Bu kitaplar zaten kabala dilinde yazılan kitaplardır ve kabalanın dilini bilmeyen bir kişinin bu kitapları zaten bilmeside mümkün değildir. Bu kitaplarda manevi ilimin açıklamaları olmadığından değil ancak bu kitaplardaki manevi ilmi kişi edinemediyse kişi bu ilmi direkt anlatan kitapları çalışmalıdır. Manevi edinim sahibi olmayanlar bu yüzden Tora'da yazılanların tarih hikayeleri olduğuna inanırlar zira maneviyat Tora ve Hagada gibi kitaplarda hikayelerin diliyle anlatılmıştır.

Muska ve tılsımlar ve harf ve numeroloji gibi kavramlar kabala ilminin bir diğer manüpülasyonudur. İnsanları kötü gözden veya nazardan koruması için icat edilen bu tür şeyler kabala ile yakından uzaktan hiç bir alakası yoktur hatta yasaktır. Bu tür şeylerin her hangi bir gücü olduğuna inanmak putperestlik olarak kabul edilir ve kişilerin ticari emelleri için geliştirilen şeylerdir. Kutsal sular, kırmızı iplikler ve benzer şeyler sadece psikolojik fetişlerdir ve otantik kabala ile hiç bir ilgileri yoktur.

Son olarak kabalanın doğu felsefe ve inançlarıyla karıştırılması vardır. Kabalistik kitapların ne olduğuna dair bilgisi olmayan kişiler geçmişte bu ilmi Budizm ve Hinduizm ile harmanlaştırdılar. Dolayısıyla kabalanın doğu din ve felsefeleriyle hiç bir ilişkisi yoktur.

Bizim neslimizde 1995 yılı itibariyle kabalanın tüm gizliliği ve kitapları açıldı. Kabala çalışabilmek ve öğrenci olarak seçilebilmek için sadece bir kriter gereklidir, çalışmayı arzulamak ve bu çalışmanın kişi tarafından bir ihtiyaç olduğunun tayin edilmesidir. Hayatın manası ve burada ne işimiz olduğu neden yaratıldığımız gibi sorular eğer başka yerlerde size cevap getirmediyse, o zaman çalışabilirsiniz. Tüm büyük kabalistler de böyle söylediler.

Ari ve itibariyle bizlere kabala çalışmanın tek koşulunun arzu olduğu anlatılmaktadır. Birçok kabalist bu yüzden Ari den sonra her kim çalışmak isterse ona öğretmişlerdir.

En son ve en komik olan söylenti ise, kabala çalışırsanız delirirsiniz takıntısı. Manevi gelişim yolunda ki edinimi vasıtasıyla kişi bir çok içsel değişimden geçer, realitenin işleyişini ve parçaları arasındaki ilişkileri görmeye başlar ve bizlerin mutluluk ve haz alma anlayışıyla onlarınki çok farklıdır. Aslında bize göre tam tersidir çünkü manevi dünyalarda olan bir düşünce nosyonudur. Bu yüzden manevi basamaklarda ilerleyen bir kişinin dünyevi hayatı bizlere çok garip gelebilir ama aslında hiç garip değildir.

Kabala'nın gizli ilim olarak bilinmesinin üçüncü nedeni ise 5 duyumuzun algılayamadığı bir realiteyle ilgilendiği içindir. Başka hiç bir şekilde cevaplanamayacak bir soruya cevap vermekte; Hayatın manası ne sorusuna. Bu soru son derece ciddi ve derin bir soru ve bu sorunun cevabını dininde veya bilimde, felsefede veya sanatta, psikoloji de bulamayan bir kişi ve Hayatımın manası ne? sorusunun cevabını arayan ve içi içini yiyen bir kişi kabala için hazır bir kişidir.

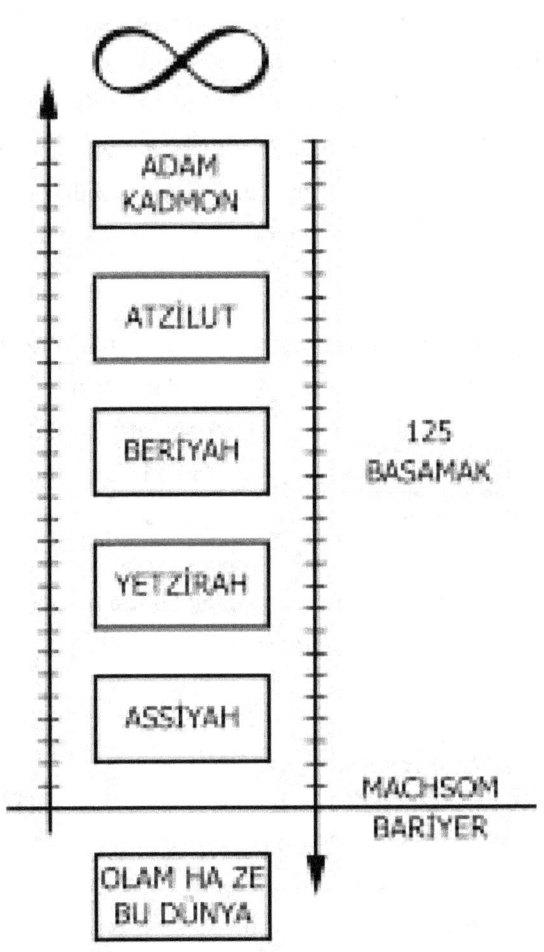

Kabala kitapları bize realitenin tümünün içinde yaşadığımızı anlatmaktadırlar. Realitenin bir toplamı var ve var olduğumuz yer orası, sadece bunu hissedip algılamıyoruz. Nerede ve ne olduğumuza dair duyularımız son derece kısıtlı hatta öyle ki bir sonraki an ne olacağını bile kestiremiyoruz. Olayların neden ve ne zaman olacağını bilmiyoruz, nereden geldiğimizi ve nerede olduğumuzu bilmiyoruz ve nereye gittiğimizde belli değil.

Mutlak ve bütün bir realite mevcut ve bu realite dünyalar denilen küçük sistemler ve parçalardan oluşmaktadır. Beş dünyalar sistemi ile tüm realite ve sonsuz ışık indirgenerek algılayabileceğimiz bir seviyeye getirilir. [Çizime bakarak] İlk dünya Adam Kadmon dünyası, sonra Atzilut, Beria, Yetzira ve Asiya dünyaları takip etmektedir. Bu dünyaları bilinç seviyeleri olarak düşünebilirsiniz ve giderek uzaklaştırılışımız bizi kopukluk noktası olan Mahsom ya da Bariyer noktasına getirdi.

Bunlar manevi dünyalardır. Bariyerin altına bizim dünyamız denir ve bulunduğumuz bu dünyada manevi dünyaları hissetmiyoruz, yani içinde var olduğumuz geldiğimiz yeri hissetmiyoruz. Bu dünyada fiziksel olarak adlandırdığımız sınırlı bir hissiyattayız. Bu bütün Işık ve realitenin tümüyle bağımsız olsaydı kaderimizi yönlendirebilirdik, hata yapmazdık ve bizi etkileyen her şeyi anlardık ve bu güçle o kadar sıkı bir bağımız olurdu ki hayatı tüm doluluğuyla her kesin iyi olduğu bir halde yaşardık.

Ancak tıpkı Kabala bizden nasıl gizli kaldıysa, bu güçte aynı şekilde özellikle bizlerden özelikle bu dünyaya inen 125 basamağın arkasında gizli. Kabalanın amacı kişiye tekrar bu dünyaya indiği 125 basamaktan yukarıya tırmanmasını sağlamaktır, tekrar manevi kökümüze ve mutlak realiteyle olan bağımıza.

Bunu başarabilmemiz için Yaradan denilen iyi ve iyilik yapan bir güç özellikle bizler için bu sistemi yarattı. Başka bir değişle, yaratılışın bu haritası yaratılışın sonu değil – yarı yol noktası; bu süreçte manevi köklerimizden bu dünyaya düştük ve içinde bulunduğumuz bu halden yaratılışın planını gerçekleştirip tekrar mutlak realiteye geri dönmemiz lazım.

Tüm kabalistik kitaplar ki bunlara sadece manevi dünyalardaki safhalardan bahsederler, hem ruhumuzun bu algı seviyesine inişinden hem de nasıl tekrar yükseleceğinden. Kabala kişinin manevi dünyayı hissedip içine girmesini sağlayan bir metottur.

Bunu yapabilmek için kişiye manevi dünyaların nelerden ibaret olduğu ve bu dünyaları algılamasına nelerin engel olduğunun ve manevi dünyalara nasıl girebileceğinin doğru öğretilmesi gerekmektedir. Bunun için buna uygun ve özellikle bu iş için hazırlanmış materyalin çalışılması gerekmektedir.

Kabalanın İfşası   **M. Laitman**

Kabala kitapları dalların diliyle yazılmıştır ve bizim anlamamız son derece zordur ve bu yüzden bu materyali öyle alıp doğru düzgün kullanamadığımıza şaşmamak lazım manevi dünyaları edinmek için çalışır ve giriş yapmak isterken. Ancak Kabala'nın en büyük hediyesi bizim neslimiz için yani 1995 yıl sonrası için. 1995 yılı itibariyle bu ilim tüm dünyaya ve ihtiyaç duyan her insana açıldı. Bu yüzden bizler için özel kaynaklar Baal HaSulam ve öğrencisi ve oğlu Rabaş tarafından hazırlandı. İlk kez kabalistik kaynaklar manevi dünyada olan kabalistler için değil ama olmayanlar için yazıldı. Yazılar kişinin merdivenin ilk basamağına adım atabilmesi ve tutunabilmesi için özel bir dille düzenlendi.

Bu kitaplardan önümüzdeki derslerde kaynak olarak faydalanacağız. Bizi manevi dünyalardan uzak tutan nitelik nedir ve manevi dünyayı hissetmemizi ne sağlayacak ve kabala ile ifşa olan metodu Baal HaSulamın yazılarıyla çalışacağız.

Kabala ilmi kişinin üst dünyaları edinebilmesi ve var oluşumuzun köküne yükselebilmesi için pratik bir metot öğretir. Hayatımızın gerçek manasına gelerek insan mükemmelliği, sükuneti, sonsuz hazzı ve yer zaman ve hareket kavramlarının sınırlarını aşarak bu dünyada yaşayabilir. Kabalist Michael Laitman, PhD.

Bir sonraki derste bu heyecanlı yola beraber devam etmek üzere, hoşçakalın.

Ders 2 – Realiteyi Algılamak

Dizimizin ilk bölümünde Kabala'nın ne olduğu ve ne olmadığı konusunu özetledik. Eğer Kabala'nın ne işe yaradığı konusunu hatırlayacak olursanız, Kabala'nın, kendisine "Hayatımın amacı nedir?" sorusunu soran kişi için olduğunu anımsarsınız. Bakalım, buradan nereye varacağız. Kabala'nın tanımıyla başlayıp, bu tanımın ne olduğu ve bizi nerelere götüreceğine bakalım.

Kabala bir ilimdir, insanın üst bir realiteyi hissedip bilmesine olanak sağlayan bir bilimdir. Hayatın gayesini bu açıdan ele alır ve bu elbette beraberinde sorular getirmektedir: Kişi nedir? İnsan nedir? Üst bir realite nedir? Kişinin üst bir realiteyi hissetmesine, bilmesine ve bu realiteye adım atmasına olanak sağlayan şey nedir?

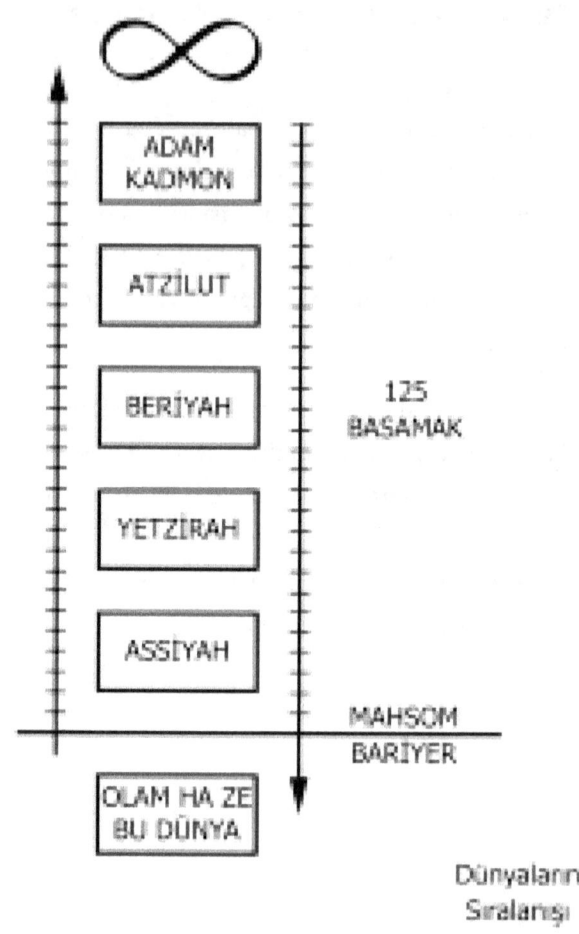

Dünyaların
Sıralanışı

Hatırlarsanız bu grafiğe önceden de bakmıştık. Burada görüyoruz ki, yaşadığımız yer, varoluşumuzun olduğu yer, bütün ve tam bir realitededir. Bu realite, hiçbir şeye bağımlı değil ve sınırsız; her şeyin tamamıyla birbirine bağlı olduğu bu realite, sonsuz haz ile dolu ve var olan her şeyin bilgisini ve arasındaki bağlantıyı barındırır. Kabalistler, yani tüm sistemi edinmiş kişiler, bu varoluş şeklinden belli bir amaç için "dünyalar" denilen sistem içerisinden düştüğümüzü anlatırlar. Dünyalar Olamot'dur ve İbranice olan Olam kelimesinden gelir. Bu kelimenin kökü He'elem'dir ve "gizlenmek", "gizlilik" anlamına gelir. Realite ile bütünüyle bağ içerisinde olan bu birlik durumundan düştük ve bariyer denilen bir geçiş noktasının altına indik. Buraya "bizim dünyamız" deniyor ve burada realite son derece kısıtlı bir biçimde gerçekleşiyor. Bizim dünyamızda, çizimde gördüğünüz bu dünyalar hakkında en ufak bir izlenim sahibi değiliz – ve bunlar manevi dünyalardır, bunların tümü – ve burası ise dünyevi dediğimiz fiziksel dünyadır.

Eğer hayatın amacını, hayatınızın anlamını bilmek istiyorsanız, o zaman plan hakkında da bilgi sahibi olmanız gerekmektedir. Bu, imkansız bir şey gibi görünüyor; hayatın anlam ve amacını açıklayacak herhangi birilerinin çıkabileceği konusu, neredeyse fıkralara kaynak olacak bir konu gibi gelse de, Kabalistlerin rolü burada devreye girer. Bu realitenin tümünü edinmiş olan kişiler, bizlere bir planın olduğundan, bütün realite ve varoluş için bir tasarının var olduğundan bahsederler. Bu kişiler, hayatın amacının bir yaratık yaratmak ve bu yaratılanı sınırsız haz ile doldurmak olduğunu, söylerler. Tamamı ile bütün anlam, sebep, amaç ve yön budur; Olabilecek olan her şey ve olacak olan her şey yalnızca bu amaca yönelik olmaktadır. Varoluşunun tümünün temelinde yatan bu düşünce, bu niyet içerisinde, olacak olan her şeyin kuralları belirlenmiştir. Manevi ve fiziksel dünyaları işleten tüm temel kanunların kökleri, bu tek düşüncede bulunmaktadır. Bu dünyada olup bitenler, bir yaratık yaratıp o yaratılanı sınırsız haz ile doldurmak dışında başka herhangi bir sebepten dolayı olmamaktadır.

Kişiyi manevi dünyanın dışında tutan şey nedir? Kişi nedir? Bu realiteyi algılama şeklimizin, realiteyi algılayışımızın bizlerde bir gizlilik yarattığını anlamamız gerekmektedir.

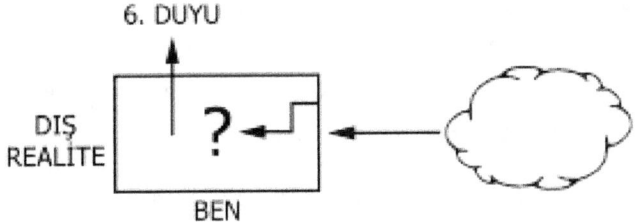

Kapalı Kutu

Bu, bir kişidir – Üzerinde beş adet delik olan kapalı bir kutu. Bu beş delik, beş duyumuzdur. Kişinin etrafını ise saran üst bir realite vardır, bütün bir realite, maneviyat ve bize gelenler bu bütün realiteden gelmektedir. Bu, dışımızda olan bir realite gibi, şekilsiz bir şey gibi gelir bize ve buradan kişiye gelen bir şey ise sahip olduğumuz beş duyumuz vasıtası ile bir tanıma sokulur; diğer bir deyişle, algılarıma göre realitenin ne olduğuna karar veririz.

Manevi bir obje kutuya gelir ve burada garip bir şey olur. Bu şey, aslında kutuya girmez. Bu kutu, kapalı bir sistemdir ve bu yüzden gelen obje bir bariyere çarpar. Bu bariyer bir nevi dönüştürücüdür – tıpkı kulak zarı veya bir retina veya cildin yüzeyinde bulunan bir sinir veya tat alma organı gibi bir dönüştürücü. Dışarıda olan şeyi algılamak yerine, bu şey indirgenir ve bir programdan geçer [çizime bakarak]. Bu şey, programdan geçerken, programda bulunan belirli prensiplere uygun olarak, anlayabileceğimiz bir şekle getirilir, yorumlanır. Buradan geçtikten sonra ise, kutumuzu veya bu makineyi terk eder ve ürettiği şey ise, realitemizdir.

Bu sensörün ne kadar hassas olduğunun önemi yoktur. Diyelim ki, bu gözünüz olsun; ister Hubble teleskopunu kullanın, ister uzağı göremeyen, miyop bir gözünüz olsun. Hassasiyetin önemi yoktur. Önemli olan programlamadır, makinedeki, bu sübjektif sistemde olup biten önemlidir. Buraya giren şey, ancak programın söylediği şeydir. Bu [çizimdeki belirli bir yere işaret ediyor] değildir, fakat program tarafından anlaşılabilen bir indirgemedir.

Bu kısıtlamayı yaratan program nedir? Bu [çizimde belirli bir yere işaret ediyor] objektif realitedir; ve bu [çizimde belirli başka bir yere işaret ediyor] algılayabildiğimiz kısıtlı kısımdır. Bu programa "egoizm" denir. Kendini düşünmektir – "Bundan benim çıkarım ne?", " Bu beni nasıl etkileyecek?". Sonuç olarak, buna kilitlenmiş durumdayım... kişi, kutunun içerisinde nasıl hissettiği yönünde tüm bu şeyler hakkında sübjektif bir görüşe kilitlenmiş durumdadır. Kutunun dışında aslında bulunan şeyler hakkında hiçbir zaman herhangi bir algıya sahip değildir.

Bir sorunumuz var, çünkü beş algımızın her biri tamamıyla aynı programa göre çalışmaktadır. Hiçbiri, programın dışında neyin var olduğu hakkında bize bir bilgi veremez.

Etrafımızda neler olduğunu öğrenmek, büyük realitenin ne olduğunu öğrenmek için, Kabalistlerin "altıncı duyu" dedikleri, ilave bir duyu geliştirmemiz gerekmektedir. Burada bahsi geçen altıncı duyu, falınıza bakan hanımefendinin altıncı hissi değildir. Bu duyu, dışımızda olan ile iletişime geçebilen bir duyudur ve bahsettiğimiz programlamaya tabi değildir.

Bunu yapabilmek için, bunu yapmaya ihtiyacınızın olması gerekmektedir. "Benim çıkarım nedir?" ile memnun olduğumuz sürece, dışımızda çalışma yapmamız, kutunun dışında bir şeyler inşa etmemiz mümkün değildir.

Yaratılışın Düşüncesi'nin içerisinde entegre edilmiş bulunan kanunlar vardır ve bu kanunlar, kişiyi bütünüyle doyuma getirir. Bizi, kutunun dışına çıkma arzusuna ulaştıran, motive edici bir kuvvet mevcuttur. Eğer ne olduğumuzu kavrar isek, yani alma arzusu olduğumuzu – "Benim çıkarım ne?" – egoist olarak yaratıldığımızı; fakat bu sorun değil, çünkü bu doyuma ulaşabilmemiz için buna ihtiyacımız var, yani bir sorun yok bunda. Sadece, bunu nasıl kullanacağımızı, bundan nasıl yararlanacağımızı ve Yaratılışın Düşüncesi'nin bizlere sağladığı gelişim kuvvetinden nasıl yararlanacağımızı öğrenmeliyiz.

Realitede şeyleri hareket ettiren nedir? Olayları yaratan nedir? Hiçbir kimse bu dünyada hiçbir şey yapmıyor – ister içsel bir şey olsun, ister bu dünyanın ötesinde manevi bir şey olsun. Olup biten her şey, bir sonuç olarak oluyor... bu konuya bir göz atalım.

Orada oturuyorsunuz. Belki koltuğunuzda, baktığınız yönde veya içeceğinize uzanmak için pozisyon değiştiriyorsunuz. İçinde bulunduğunuz hareket, tek bir hesaplamaya bağlı olarak oluşuyor, yani şu an bulunduğunuz durumdan rahatsızlık duymaya başladınız ve size önceki konumdan daha çok haz getireceğine inandığınız yeni bir konuma geçme ihtiyacı doğdu içinizde.

Realitede her şeyi motive eden şey, bu eksiklik ve haz ile doyum hissiyatı ve arzunun kuvvetidir; ve bu, en sonunda kişiyi dünyevilikten, fiziksel dünya algımızdan, yaşadığımız kısıtlamalardan ve beraberlerinde gelen ızdıraptan, alacaktır. Bu, kişiyi, eğer doğru biçimde kullanılırsa, bariyerin ötesine ve Manevi Dünya'ya bu şekilde getirecektir.

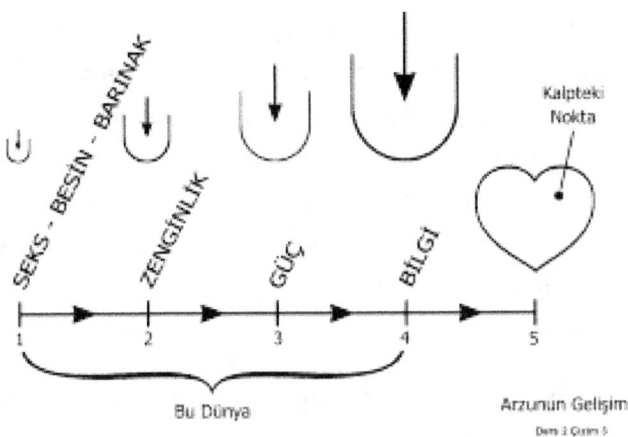

Hepimiz arzular hissediyoruz ve bu arzuların değiştiğini hissediyoruz, fakat tabiatın içimize yerleştirmiş olduğu sisteme yeterince dikkat etmiyoruz ki bizim için ne yaptığını anlayabilelim. Haz ile ilgili olarak anladığımız başlıca şey, yalnızca hayatta kalma ile ilgili olan hazlardır. İlk kategoride ihtiyaç duyduğumuz şeyleri haz olarak görüyoruz ve bunlar seks, gıda ve barınak. Tüm çabalarımız, çalışmamız ve etrafımızda algıladıklarımız, hayatlarımızın tüm amacı bunları bulmak ve bunlara sahip olmaktır ve bu, hayvanlar ile ortak olan bir arzumuzdur. Başka kişilere gerek yoktur, yalnızca hayatımızı idame edebilmemiz için bunlara ihtiyacımız vardır.

Bu ihtiyaçlarımızı doyurduktan sonra, bunlardan fazlasının olduğunu fark ediyoruz ve doyum alamadığımızı fark edince ikinci bir kategori arzu doğuyor. Bu, zenginlik için bir arzudur. Zenginlik, ilk kategorinin toplamıdır, yani bir daha o kategoriyi dert etmeyeceğimi hissetmem, ilk kategoriyi kontrol edebilmemdir. Zenginlik arzusunu da doyurduktan sonra "hepsi bu muydu?" hissiyatına geliriz ve içimizde yeni bir şey doğar. Burada dikkat edilmesi gereken yer, farklı bir arzunun doğmuyor olmamasıdır, daha büyük bir arzunun doğuyor olmasıdır – bir önceki arzuyu kapsayan bir arzunun doğuyor olmasıdır.

Diğer bir deyişle, burada küçük bir arzumuz ve küçük bir doyumumuz vardır. Burada ise, büyümüş bir arzumuz vardır ve dolayısı ile daha büyük bir doyuma ihtiyacı vardır ve bu, diğerini kapsar. Şimdi zenginlik ile doyuma ulaşamam, içimde yeni bir arzu doğar ve bu arzu, güç sahibi olma arzusudur. Bu, sadece her bir kişiye münferit olarak gelişen bir durum değildir ve tarih boyunca tüm insanlığa bir bütün olarak oldu. Tarihin tüm kapsamı, bu arzuların gelişiminden ibarettir. Güç, hem bunu, hem de bunu kontrol etme yetisidir, yani tüm bunlara sahip olma durumunu getirecek sistemlerin tümüdür. Bunlar, politik güç, imparatorluk, iş yerimde kontrol gibi şeylerdir. Bir kez buna sahip olduğumda, bu da beni doyuramaz. Boş hissederim. Eksiklik hissederim ve içimde dördüncü bir arzu doğar – önceki tüm arzuları kapsayan daha genişlemiş bir arzu ve bu arzu bilgidir.

Bilgi, bir açıdan bakıldığında, fiziksel dünya diye nitelendirdiğimiz şeyin bariyerini teşkil eder. Bu arzular, yani birinci, ikinci, üçüncü ve dördüncü arzular, tümü haz olarak algıladığımız şeyler ile ilgilidir. Bunlar bize doyum sağlayan ve istediğimiz şeylerdir – bize haz verecek olan şeyler. Bilgi, bilimdir, dindir, sanattır, insanlığın ulaşabileceği en uç nokta olarak kabul ettiğimiz şeydir. Fakat her kim eğer ciddi biçimde bu büyük arzuya dalar ve onu doyuma ulaştırmak isterse, er ya da geç bunun da boş olduğunu keşfeder; olup bitenlerin gerçek sebeplerine dair bilimde de bir cevabın bulunmadığını fark eder. Çünkü amaca dair bir cevap yok; yalnızca mekanik cevaplar vardır. Cevaplar sadece bu arzular ile ilgilidir.

Din, her ne kadar bize inanç sağlasa da, gerçekten ihtiyacımız olan şeye ulaştıramaz – doğrudan bilgi. Bilgiye olan arzusunu doyurmuş olan ve dolayısı ile boş hisseden kişiye çok farklı ve özel bir şey olur – yeni bir arzu doğar – fakat bu arzu bu dünyadan bir arzu değildir. Bu, kalbimize yerleştirilmiş bulunan bir arzudur ve tüm arzularımızın toplamını oluşturur – hem bu dünya için olan arzularımızın, hem ötesinde bulunanlar için olan arzumuzun.

İçimize, gelişimin çok farklı bir seviyesinden bir arzu konulur – daha büyük bir realiteden bir arzu verilir. Kalbimizde beliren şeye Kabalistler "kalpteki nokta" derler. Bu nokta, büyük realitenin bir parçasıdır. Bu noktada maneviyatın sureti bulunur, öyle ki, bu diğer arzular gibi doyuma ulaştığında kaybolmaz ve sürekli büyümeye devam eder. Ta ki bütün deneyimimizi, tüm varlığımızı doldurana ve bizi Manevi Dünyaya getirene kadar.

Peki, üst bir realite nedir? Realitenin tamamını edinmiş olan Kabalistler, bizlere, bunun belli bir nitelikten oluştuğunu söylerler. Bizlere, Üst Dünyalarda bulunan niteliğin tam zıttı olan nitelik ile yaratılmış olduğumuzu ve bu sebepten dolayı orada olanları algılayamadığımızı, söylerler. Fakat orada sanki hiçbir şey yokmuş gibi gelir bizlere. [çizime bakarak] Çizimden biliyoruz ki, bizi oluşturan şey, insanı veya kişiyi veya yaratılanı oluşturan şey, egoizmdir. Bu yüzden kutunun içindeyiz.

Kutunun içinde olan şeye "alma arzusu" deniyor. Bu alma arzusu bizlere kısıtlı bir varoluş, ızdırap, yalnızlık ve hayatta zor bulduğumuz tüm her şeyi deneyimlememizi sağlıyor. Bunun dışında var olan ise, yani egoizmin sübjektif olmayan koşulunda var olan, objektif realitedir ve Kabalistler bize bunun "ihsan etme arzusu" olduğunu söylerler. İhsan etme arzusu, karşılıksız vermektir. Diğer bir deyişle, buradaki deneyim sonsuz varoluştur, sınırsız haz ve doyum. Fakat bunu hissedemiyoruz, çünkü oraya ulaşacak bir aracımız yok. Yoksa var mı?

Manevi dünyada bir nitelik vardır ve bu niteliğin niteliği, fiziksel dünyadan farklıdır. Fiziksel dünyada hareket, bizi bir yerden bir diğerine taşıyan şey, tamamen mekaniktir. Yani, birbirlerinden hem formları itibarı ile, hem hizmet ettikleri amaçlar itibarı ile, tamamen farklı olan iki objeyi alabilir ve onları mekanik olarak bir araya getirebilirim ve "Burada yakınlık var!" diyebilirim. Fakat Manevi Dünyada, bambaşka koşullar altında yakınlıktan söz edilebilir, çünkü orada zaman ve mekan yoktur – mekanik hiçbir şey yoktur.

Kabalistler, Manevi Dünyanın tamamen hissiyattan oluşan (küresel) etki alanlarından oluştuğunu söylerler ve bu alanlar belli bazı niteliklerle ilgilidir – içsel nitelikler – ve maneviyattaki bütün hareketler, iki hissiyatın veya niteliğin benzerliği veya benzemezliği ile ilgilidir. Bunu örneğin arkadaşlıklarda görebiliriz. Eğer arkadaşım komedilerden zevk alıyorsa ve ben, ciddi bir kişi olarak, komediden zevk almıyorsam, o zaman çok yakın arkadaş olmamız pek olası değildir. Eğer komediden nefret ediyorsam, o zaman biz birbirimize uzağızdır. Fakat eğer ben de komediden hoşlanıyorsam ve hatta aynı komedyenlerden ve oynadıkları aynı filmlerden hoşlanıyorsam, o zaman komediye olan sevgimiz açısından arkadaşım ve ben o hissiyatta birbirimize yakınızdır. Diğer bir deyişle, maneviyatta eğer iki nitelik, iki hissiyat benzer ise, o zaman onlar yakındır; eğer birbirinden farklılar ise, o zaman uzaktırlar. Fakat – ve bu bizler için en güzel ve en değerli şeydir, bizleri fizikselden maneviye taşıyabilecek olan şeydir – eğer tamamı ile aynı niteliğe, amaca ve niyete sahip iseler, o zaman onlar aynı şeydir – birbirlerine yapışıktırlar, bağlıdırlar. "Form eşitliği kanunu" denilen bu kanun bizi bölünmüşlük durumundaki egoist koşulumuzdan alıp, dışımızdakini hissetmemize yarayan ilave bir duyu inşa etmemize getirebilir.

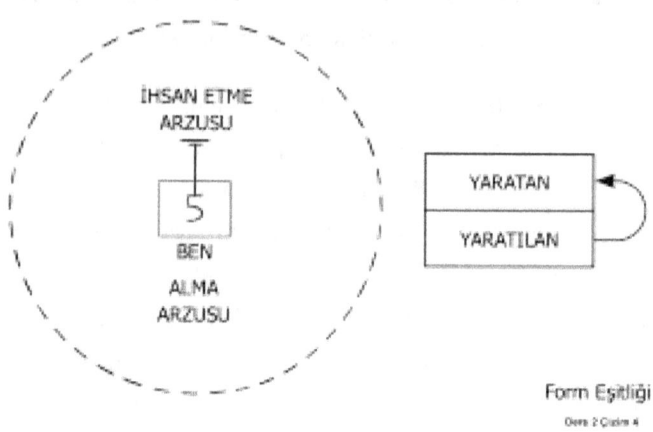

Form Eşitliği

Yapmamız gereken, içinde ihsan etme niteliğini barındıran benzer bir frekansı, benzer bir niteliği içimizde inşa etmemizdir. Bunu her ne kadar henüz algılayamıyorsak da, Kabalistler, realitede yalnızca iki şeyin var olduğunu söylerler bizlere – Yalnızca Yaradan ve yaratılan vardır.

Algıladığımız her şey sadece Yaradan'ın niteliği ve yaratılanın nitelikleridir. Yaradan Üst Dünyadır ve yaratılan alt dünyadır. Yaradan'ın niteliği, ihsan etme arzusudur; yaratılanın niteliği, alma arzusudur. Var olan her şey budur. Kutudan çıkmak, yapmamız gereken şeyin manevi mekanda hareket etmenin olduğu anlamına gelir.

Manevi mekanda hareket etmek, bu niteliği değiştirmek anlamına gelir [çizime işaret ediyor], alma arzusunu, yaratılanın niteliğini yavaş yavaş Yaradan'ın niteliğine benzetmek anlamına gelir. Tüm realitenin bizlerden bütün bu dünyalardan aşağıya düşerek gizlenme şekli... eh, bu dünyalar yalnızca alma arzusunun ihsan etme arzusuna olan zıtlığın derecelerinden oluşmaktadır.

İçsel alma niteliğimizi, egoizmimizi, kendim için alma arzusunu sürekli daha büyük oranlarda alma arzusu yerine ihsan etme arzusuna dönüştürerek, bu dünyaya inmiş olduğumuz bu merdivenin tümünü tekrar yukarıya tırmanmamız mümkün. Bu koşullardan her biri, merdivenin basamakları, alma arzusunun üzerine artan derecelerde ihsan etme arzusudur. Benzerliğin bu derecede artması ile, ihsan etme arzusunun aslında ne olduğunu hissedebilmek ile, var olan her şeyi sevmek ve desteklemenin ne anlama geldiğini bilmek ile, ve kendi içimde o benzerliği inşa ederek – Kabala'nın ilgilendiği konu budur. İhsan etmeyi hissedebilmeye ve bu niteliğe benzemeye ulaşmanın metodudur.

Gizli ilimin anahtarlarını gözden geçirerekten bu konuyu incelemeye devam edeceğiz. Bize tekrar katılın.

Ders 3 – Gelişim Gücü ve Istırabın Anlamı

Geçmişte yaratılışın şablonunu öğrenmiştik, Yaratılışın düşüncesini, Yaradan'ın eylemini, manevi dünyaların niteliğini ve maneviyat nedir konularına değindik.

Yaratılışın düşüncesi bir varlık yaratıp sonsuz hazla doldurmak ve bu neden olan her şeyin yegane sebebidir ve hayatımızda olan her şey sadece bunun sonucu olarak gerçekleşmektedir; bu niteliği algılayabilsekte algılayamasakta herşeyin gelişi o hazza varmak içindir. Bu da sorgulamamız gereken bir problem çünkü biz sanıyoruz ki – ayrıca da hayatımızla ilgili en derin soru bu – nerede olduğumuzu hissedememe ve nereye gittiğimizi bilememek bizi şu soruyu sormaya getiriyor "Eğer Yaradan tümüyle iyiyse ve sadece iyilik yapıyorsa o zaman neden dünyada kötülük görüyoruz? Neden kötü olaylar oluyor?"

Bu soruyu inceleyebilmek için kabalistler bizler için incelememizi bir çerçeveye oturttular ki gerçeği bulabilelim ve kafamız karışmasın.

Baal HaSulam bize kabalistlerin bir kuralı olduğunu söylemekte "Edinilmeyen bir şey adlandırılmaz". Bu ne demektir?

Ulaşmak istediğimiz amaç Yaradan'ı direkt olarak hissetmek, bu her hangi bir felsefe, fikir ya da entel takılım değil zira zihinsel bir kavram olarak bunun cevabını bulamayız. Her hangi bir fikir kişiye güven vermez, kişi tam olarak ayaklarının bastığı yeri hissettiği gibi hissetmeli ya da gözlerinin önünde gördüğü her hangi bir şey gibi olmalı. Somut olmalı. Fikir veya soyut bir kavram olarak değil, net algılanmalı.

İnsan hayatında olan olayları tam olarak anlayamaz ve realitenin yarısını görmemezlikten gelir. İnsan kendi açısından kötü olarak değerlendireceği olaylar olan dünyanın yarısını görmemezlikten gelir. Bu bizim içsel bir programımızdan dolayıdır ve buna "alma arzusu" diyoruz. Alma arzusu bizi yönlendiren bir sitem olarak çalışır ve işin açıkçası tümüyle onun tarafından kontrol ediliyoruz ve yaptığı şey de bizi hoş ve iyi olarak gördüğümüz ve bulduğumuz şeylere çekmek ya da hoş olmayan veya kötü olarak hissettiğimiz şeylerden sürekli uzak tutar ve kaçmamızı sağlar.

Sürekli bize göre iyi olan şeyleri arıyoruz ve bu yüzden de dikkatimiz hiç bir zaman realitenin öteki yarısında değil. Resmin her zaman sadece küçük bir kısmını gördüğümüz için de gördüğümüz şeylerde aslında yanlış çünkü sadece o problem seviyesinde analiz ediyoruz. Ancak eğer doğaya bakacak olursak mutlak bir algı iki şey arasında ki fark ve ayrılıklardan ancak incelenebilir.

Soğuğu sadece tersi olan sıcaktan biliyoruz. Yukarıyı sadece aşağısı ile ilişkilendirerek anlıyoruz. Sadece ısının niteliğine bakacak olursak – bunun bir zıttı olmazsa, ters bir nitelik olmasaydı sadece bir fenomen olurdu ve hiç bir şey hissetmezdik. Eğer hiç hareket olmasaydı hiç bir şeyi ölçemezdik ve ısı ile ilgili ne bilebilirdik? Dolayısıyla hiç bir his olmazdı. Dolayısıyla iyi ve neden iyi ve kötü ve neden kötü arasında kıyaslarla her şeyi ölçebiliriz.

İhtiyacımız olan şey kendimizi sabitleyici bir hale getirek çünkü tüm iyi ve kötü olarak tayin edebileceğimiz şeyler kendi alma arzumuz içinde olduğundan asla tarafsız olamaz ve realitenin tam kapsamını göremediğimiz için de bu durumun farkında değiliz bile. Diyebileceğimiz şey gördüğümüz bazı olayların kötü olduğu. Ancak olaya tüm derinliğiyle bakacak olursak ve gerçek tepkimize bakmak istersek esas yaşanan tecrübeye bakmamız lazım (bu yüzden edinmediğimizi adlandırmayız/tanımlamayız kuralı burada işlemekte).

Örneğin Tsunami deprem örneklerini alacak olursak bu tür facialarda yüzlerce binlerce insan öldü. Bu felaketlerde 400,000 kişi öldüyse ve insanlara sorarak bir anket yapacak olsak her kes korkunç bir olay der. Hayat kaybı muazzam boyutlara ulaşmıştı; insanların ıstırapları korkunçtu. Bu tür bir yok oluşun boyutu ve korkunçluğu hayal edilebilir gibi bile değil. Ama diyelim ki o bölgede yıkılan binaları tekrar inşa etme işini sizin firmanız aldı? Belki de size hayatınızda olan en iyi şey bu olmuştur? Dolayısıyla sizin bu olaydaki tecrübeniz ne? Kafanıza göre şu şekilde hissetmeliyim diyebilir misiniz, bu işin iyi yanı bu ve kötü yanı da bu mu diyeceksiniz? Hayır. Tam olarak ne hissediyorsanız ona göre tanımlamalısınız. Başka bir şekilde ölçüyorsanız tümüyle hayal ürünü olur. Şimdi bazen şöyle bir gerçekle karşı karşıya kalırız, daha alt seviyedeki yaşam derecesinde olan bir olayı ele alalım.

Mesela bir orman yangınını ele alacak olursak büyük bir zarar olmuş olabilir ancak duruma bakıp ağaçların yanmasını kötü olarak değerlendirebilir ve yeni bir ormanın daha geniş ve yoğun ve bol çeşitli olarak gelişeceğini ve bunun bir amacı olduğunu ve kısır olan bu ormanın daha iyi gelişme sürecine girdiğini diyebiliriz. Böyle bir doğal afetin bir süreç hatta gelişim için olduğunu insan seviyesinin altındaki dereceler için söyleyebiliyoruz.

Bizim seviyemizin altında cansız veya hareketsiz, bitkisel ve hayvansal seviyeler var ve bizim var olduğumuz seviye de insan seviyesi. Maalesef en karmaşık hayvan seviyesi de bizimki. Bize neyin olup bittiğini görebilmek, programı ve iç güdüsel seviyeyi ve hayatımızda neler olduğuna geniş açıdan görebilmek ve yaratılışın amacı ve yönünü anlayabilmemiz için daha üst bir seviyeye yükselmemiz lazım. Zira tek bir seviye den yaratılışın amacını ve yönünü ve o yönde nasıl gittiğini anlayamayız. Buna baktığımız zaman insan seviyesini anlayamıyoruz; kendimizi saçımızdan tutup bir üst seviyeye çıkartamayız. Ancak hayatımızı ve halimize anlayabilmek için Kabalistlerin dediği şey şu "konuşan seviye" denilen bir üst seviyeye çıkman lazım.

İnsandaki konuşan seviye kişinin Üst Sistemin parçası haline gelmesi ve Yaradan'ın ilahi yönetimini görmesiyle olur. Bizleri zevk ve acı denilen iki dizginle idare edip hareket ettiren o Tek gücü ve sistemi görmeye başlar. Eğer olanları üst seviyeden görebilirsek o zaman hayatımızdaki olayları bir zaman ekseninde olan tek tek hadiseler olarak görmeyi bırakabiliriz. Çünkü şimdiki yer zaman ve hareket nosyonlarında olan şeylerin nedenlerini algılayamıyoruz.

Peki kendimizi bu üst seviyeye çıkabilmek için ne yapmamız lazım? Bu üst seviyeden nasıl göreceğiz? Bunu biz tek başımıza yapamayız. Ancak zaten orada var olanın vasıtasıyla yapabiliriz. Orada neyin olduğunu hissetmemiz lazım ki onun gibi olabilelim.

Tekrar hatırlayalım, evrimin gücü sadece arzuların gelişimi ve Üst Işığın bu sistemi bu gelişimi öyle bir şekilde organize etti ki kişi tam olarak o şeyi arzulamaya zamanla gelsin. Ancak bizler gelişimimizde bilinçsizce yer alıyoruz "kendi rızamızla bunun içine getirilmedik ve kendi rızamızla da devam etmiyoruz" ta ki kişinin içinde uyanma noktasına gelinene kadar.

Kişinin bu uyanış "iyi ve kötü" olaylar olarak hayatımızda yaşadığımız şeyler vasıtasıyla tayin edilir. Başka bir deyişle arzularımız gelişmeye ve değişmeye devam ederler ki sorgularımız daha büyük olsun. Hayatımızda negatif olarak cereyan eden olaylar da daha derin sorgulamamızı sağlar: Istırabın gerçek nedeni nedir? Neden ıstırap çekiyorum ve nasıl durdurabilirim? Gelişimin gücü bizi bilinçsiz halimizle geliştirmeye devam eder ta ki artık bu sorunun cevabını bulana kadar. Kişi bu soruya gelene kadar rahat edemez çünkü bu sorunun cevabı sadece daha üst bir anlayıştan yani sistemi idare eden tarafından gelebilir ve bize verdiği izlenim sanki iyi ve kötü şeyler var oluyormuş gibidir.

Şimdi bu somut ihtiyaç kişinin içinde ortaya çıktı ve başka her hangi bir arzu bunun yerini alamaz ve kişi sadece bu sorunun cevabını aramaya başlar zira bu soru derece somut bir ihtiyaç olarak hissedilir ve bu ihtiyaç cevabın girebileceği bir yer haline gelir. Ancak neden ıstırap çektiğimizi bilmemiz için neyin iyi ve neyin kötü olduğunu bilmemiz lazım ve bunu da daha önce bahsettiğimiz gibi bir terazi usulü ölçme şansımız yok. Alma arzumuzun içinden olmamalı. Değişmeyen bir faktöre yönelik olması lazım. Değişmeyen şeyin ise Yaradan'ın sabit olarak sürekli ihsan etme niteliği olduğunu biliyoruz. Yaradan karşılıksızca ihsan edip veren ve yaratılan varlık ise sadece kendisi için alma arzusu. Bu iki nitelik arasında ki zıtlığın oluşturduğu fark bize bu iki niteliğin arasında nerede olduğumuza yönelik bir hissiyat verebilir çünkü hissedebileceğimiz geriye kalan tek var olan şey Yaradan. Şimdi soru şu: Yaradan'ı nasıl algılayacağız? Ve Nasıl bir hissiyattır?

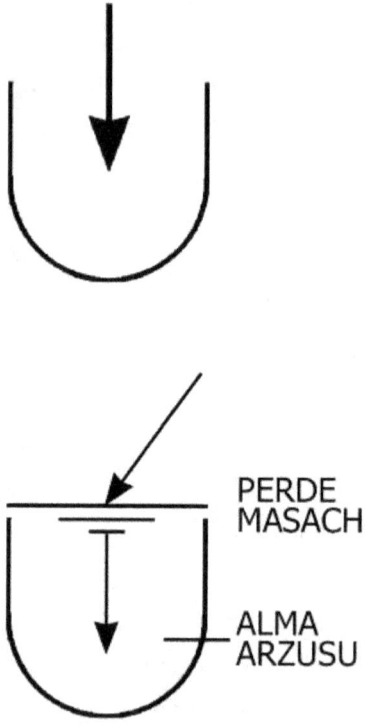

Hepimiz bir Işık okyanusunda yaşıyoruz. Bu demektir ki her zaman arzumuzun içine haz alıyoruz, kabımıza. Bu kap alma arzumuz. Ve üst Işık sürekli bizleri dolduruyor, şöyle ki aslında doyum denilen şey Işığın hissedilmesi. Aslında her zaman

Yaradan ama biz neyle kıyafetlendiyse onun adını kullanıyoruz: yani olanlara bir tanım veya isim vererek kıyafetlendiriyoruz.

Hayatımızda ki tüm olaylar bize direkt olarak hissedebileceğimiz şekilde gönderilir, Direkt Işık olarak. Ancak biz bu şekilde hissediyoruz, yani biz olayları alma arzumuzdan hissediyoruz ve neden bize verildiğini de bilmiyoruz. Genelde yapmaya çalıştığımız şey işin içinde düşüncelerimizi hissetmeye çalışmak: yani bu bahsedilen nitelik ne? Bu olayda Yaradan'ın bize ihsan etme niyetinden gelen nitelik nedir? Bizi yaratılışın amacı olan haz ile doymaya yönelik nasıl bir gelişim gücü içeriyor?

Eğer bunu anlayabilir ve bir his edinebilirsek o zaman o seviyeye yükselebiliriz. Hayatın getirdiği tüm olaylarda yapmak istediğimiz şey Yaradan'ı haklı çıkarmak. Haktan yana olan bir kişi veya erdemli bir kişi budur. Hayat ne getirirse getirsin olayın arkasında Yaradan'ın ihsan etme eyleminin düşüncesini hisseder. Ve ıstırabımızın kaynağı kabımızda hissettiğimiz ile Yaradan'ın düşüncesi arasındaki uyumsuzluk farkından kaynaklanmaktadır.

Benim doğam olan kendim için ışığı alma niyetim ve Yaradan'ın ihsan etme niyetiyle vermek istediği Işık arasındaki fark kişiye rahatsızlık ve ıstırap getirir. Işığın bu ihsan etme niteliği, verme özelliği evrenin genel kanunudur ve evrendeki her şey bu kanuna göre işler. Her türlü hayat formu ahenk bulmak durumundadır, dışında ve içinde olanla dengeyi sağlamak zorundadır. Dolayısıyla hayatın bu kanununu tutamadığımız derecede yani doğanın kanunlarına uyum sağlayamadıkça ve bir parçası olamadıkça kişi ve dünyamıza dahil olan her şey ıstırap çeker sadece insan değil ama çevresi de yani yaşadığı dünya, ülkesi, ailesi tüm realitesi.

Üst Işığı çekmek ve yükselerek Yaradan'ı anlamanın yollarından bir tanesi otantik Kabalistik yazıları çalışmaktır. Kabalistik yazıları okumanın arkasındaki tek niyet değişim getiren ışığı çekmektir: her hangi bir entellektüel bilgi edinimi değil kişinin içselliğinde bir değişim sağlayabilmesi içindir.

Bu yazıları okumaya başladıkça, sorularınızı da getirin, bilmeniz gereken şey neyse unutmayın ve yazıları okurken aklınızda bulundurun, akıl ile ne anladığınız önemli değil, önemli olan şey neye ihtiyaç duyduğunuz ve ne hissettiğiniz.

Bu makale O'ndan başkası yok olarak biliniyor ve Baal HaSulam'ın ağzından çıkan şeylerin Rabaş tarafından kaleme alınması.

Şöyle yazar "O'ndan başkası yoktur," bu şu anlama gelir, evrende O'na karşı bir şey yapabilecek hiçbir güç yoktur. Ve insanın gördüğü şudur, dünyada öyle şeyler vardır ki, yukarının ev sahipliğini inkar eder, bu O öyle istediği içindir.

Başka bir değişle, özellikle öyle bir sistem içinde yaşadığımız hissi var ve iyi ve kötü olaylar hissediyoruz. Ve iyiliğimize karşı sanki kötü bir güç varmış hissiyatımız var: sanki kendimizi iyi hissetmemize engel olan bir şey var. Bunun olmasının nedeni Yaradan'ın yani Üst Gücün böyle olmasını istediğinden; çünkü bir amaç var ve bu güçten başka bir güç bunun olmasını sağlayamaz.

Ve bu bir ıslah olarak kabul edilir, "sol reddeder ve sağ çeker" denilir, şöyle ki solun reddettiği ıslah olarak kabul edilir. Bu şu anlama gelir, dünyada öyle şeyler vardır ki adamı baştan doğru yoldan çıkarmaya odaklanmıştır ve bunlar kişiyi kutsallıktan reddeder.

Burada bize söylediği şey, Yaradan'ı direkt hissedememe koşulu, O'nun gücünün bizi uzağa itmesi "ıslah" olarak bilinir. Bu güç bize etki yaparak bizde değişimi sağlar: ilahi yönetim olarak bilinen sistemin parçası ve "sol reddeder" olarak bilinir yani bizi uzağa iten bir koşul ve "sağ çeker" yani Yaradan'a yakınlaştıran güç.

Burada Yaradan'ı hissetmeye çalışan bir kişiden bahsediyoruz, hayatın günlük olaylarıyla aynı yapıda olsalar da hayatın günlük olaylarından bahsetmiyoruz çünkü doğanın tüm seviyeleri aynı prensiplerle çalışır.

Bu "şu demektir ki dünyada baştan beri insanı doğru yoldan çıkarmak için şeyler vardır ve bunlar kişiyi tanrısallıktan reddeder." Eğer kişi Yaradan'ı hissetmek istiyorsa, hayatlarını yöneten kanunları bilmek istiyorlarsa ve Yaradan'ın ihsan etme niteliğini tatmak istiyorlarsa hep yoldan itilirler. Zira bu dünyadan tümüyle ayrıdırlar; bu dünyanın üzerindedirler. Burada anlatılan bu dünyada özellikle insanın Yaradan'ı hissetmesine engel olan bir sistemin var olduğunu söylemesidir.

Ve reddedilişlerin olumlu yanı kişinin bu itilişler vasıtasıyla bir ihtiyaç ve Yaradan'ın kendisine yardım etmesi için tam bir arzu oluşturur.

Bu geri itilme – bir arzu ve Yaradan'ı tanıma niyeti olduğu zaman – tüm doğanın sisteminde gördüklerimizi gerçekleştiren koşul çünkü bir ihtiyaç inşa eder. Yani özel bir ihtiyaç hissi oluşturulmaktadır. Dünyevi arzularımız olan araba, para, bilgi, güç iyi bir hayat için değil, bu özel bir ihtiyacın inşa edilmesidir. Bu reddedilmelerin faydası kişinin Yaradan'dan yardım talep etmesi için kesin ve son bir karara gelebilmesi içindir.

İnşa edilen arzu direkt Yaradan için. "Yaradan'a direkt" demek Kabalistik metinlerde "İsrail" olarak geçer. İbranice'de İsrail, Yaşar El kelimelerinden oluşur ve Yaradana Doğru anlamındadır, yani kişinin direkt yukarı olan arzusuna İsrail denir. Zira kişi kaybolduğunu görür. (Başka bir deyişle, her şeyi yönlendiren o Üst Güçle bir bağ kurmaya ihtiyacı vardır.) Manevi çalışmasında sadece ilerlemediğini değil ama gerilediğini görür.

Şöyle ki, kişinin buna ne kadar ihtiyacı olursa Işık o kadar çok aralarındaki farkı kişiye ifşa eder. Bu duruma "kötülüğün ifşası" denir. Peki neden buna ihtiyaç var? Buna ihtiyacımız var çünkü bizim için bir ölçü aracı olacak. Çünkü bir şeyi anlayabilmemiz için iki zıt koşul olması gerekir.

Sevgi olan yaratılışın bütün düşüncesini kendi doğamıza kıyasla ölçeriz. Dolayısıyla bu karşıt nitelikte bize sadece Yaradan'ın doğası ve üst dünyalar ifşa edilmiyor bu süreçte kendi doğamızı da ifşa ediyoruz. Ve alma arzumuz özellikle Yaradan'ı hissetmeye yönelik büyüdükçe, o kadar Yaradan hissiyle kişi dolabilir.

Sadece çalışmasında ilerlemiyor değildir, görür ki geriliyor... (Başka bir deyişle, Yaradanla arasındaki farkı görmektedir) ve manevi çalışmasını bırakın Yaradan uğruna yapmayı kendisi için bile yapmakta güç bulamaz (yani, kişi hem Yaradanı direkt olarak hissedemiyor ve bunu her hangi bir neden için bile yapabileceğine yönelik kendisini de kandıramıyor. Çok büyük bir fark hissedilmektedir kişi tarafından, ancak bu kişi için çok hayırlı bir durumdur çünkü kişinin ilerleyişi alma arzusunun gelişmesiyle ve ıslahıyla olur). Şöyle ki kişi gerçekten tüm engelleri mantık ötesi aşabildiği zaman manevi çalışmasını devam ettirebilir. [Yani ne kendi gücüyle ne de bilgisiyle veya her hangi bir başka teori veya fikirle yapamaz, sadece somut olarak Işığın mantık ötesi ilerleyişle alınmasıyla mümkündür:

mantık ötesi demek alma arzumuzun üzerinde ve buna bağlı tüm düşüncelerin birbirine bağlı olduğu anlamındadır).

İyi ve kötü olaylar olarak hissettiğimiz bu güçler bizi hayatımızdaki olaylarda çıkışlar ve inişler olarak yönlendiren Yaradan'ın sağ ve sol eli olarak bilinir ki bunları Yaradan'a yönelik bir arzumuz var ise doğru anlayabiliriz. Bu arzu olduğu sürece hayatımızda ne olay olursa olsun içimizdeki bu ihtiyaç sürekli büyür ta ki tüm bu hayali realiteyi yutup bizi gerçeği algılamaya getirene kadar.

Bu kısa bölüm bu güzel makalelerden ufak bir tat. Bu yazılarda nelerin anlatıldığını keşfetmeye devam edeceğiz. Bir sonraki bölümde görüşmek üzere.

Ders 4 – Yaratılan Varlığın Yaratılışının 4 Aşaması

Baal HaSulam'dan bir bölüm okuyarak başlayalım, Talmud Eser Sefırot – 10 Sefirotun Çalışılması adlı kitapta şöyle yazıyor:

Dolayısıyla şunu sormalıyız: neden kabalistler her insanın Kabala çalışmasını zorunlu kıldılar? Elbette bunda büyük bir olay var ve anlatılmaya değer: Kabala ilmiyle ilgilenenler için harikulade ve paha biçilmez bir deva bulunmaktadır. Ne öğrendiklerini anlamamalarına rağmen, çalıştıklarını hissetmeyi özlemek ve hasretiyle üzerlerine ruhlarını saran ışığı çekerler. Kişi henüz mükemmelliği edinmemişken bu ışıklar kendisine saran ışıklar olarak ulaşacaktır. Bu şu demektir, ışık kişi için hazırdır ve kişinin alma kabını arındırmasını bekler. Arındığı zaman ışıklar kabın içinde kıyafetlenir.

Dolayısıyla bu ilimle ilgilenen bir kişinin kabı olmasa da ruhuyla bağı olan ışıklar ve kapların adlarını okuması bile kişiye ışıkların belli bir derece yansımasını sağlar. Ancak, kişiye ruhunun içinde henüz yansımaz çünkü bu ışığı alabilecek henüz bir kap yoktur. Buna rağmen, kişinin sürekli çalışması kişiye ışık çeker ve kişiye arılık ve ıslah getirir ki buda kişiyi mükemmelliğe sürekli yakınlaştırır.

Bu derste yaratılan varlığın yaratılışının 4 safhasına bakacağız. Yaratılışta var olan her şeyin makro şablonu bu: yaratılan varlığın yaratılışının oluşumu; yaratılan bir varlığın nasıl yaratıldığı ve yaratılışın her detayında aynı yapıyı görebiliriz.

Kabalistler bize şöyle söylüyor. Öncelikle bilmemiz gereken şey Işığın sırları, ancak biz bu sırlardan bahsetmeyeceğiz zaten aktarmak bizim kapasitemizin üzerinde bir şey. Hiç bir kabalistik kitap ışığın sırlarından bahsetmez sadece ışığın tatlarından bahseder.

Bu sırlar O'nun özü olarak bilinir. Bundan bahsetmek de yasaktır. Maneviyatta yasak demek mümkün değil demektir. Yani anlatılması için her hangi bir söz yok demek. Bunun için kabımız (algımız) yok. Bu ancak edinilerek bilinebilir.

Biz burada başlıyoruz. Biz Yaradan'la başlıyoruz. Yaratılışın düşüncesi denilen seviyeyi edinen Kabalistler diyor ki Yaradan'ın başlangıçtaki düşüncesi bir niyetle başladı, bu niyet bir yaratılan varlık yaratmak ve onu mutlu etmek. Bu duruma kök safha ya da behina şoreş denir. Tüm realitenin kökü bu.

Kabalanın İfşası M. Laitman

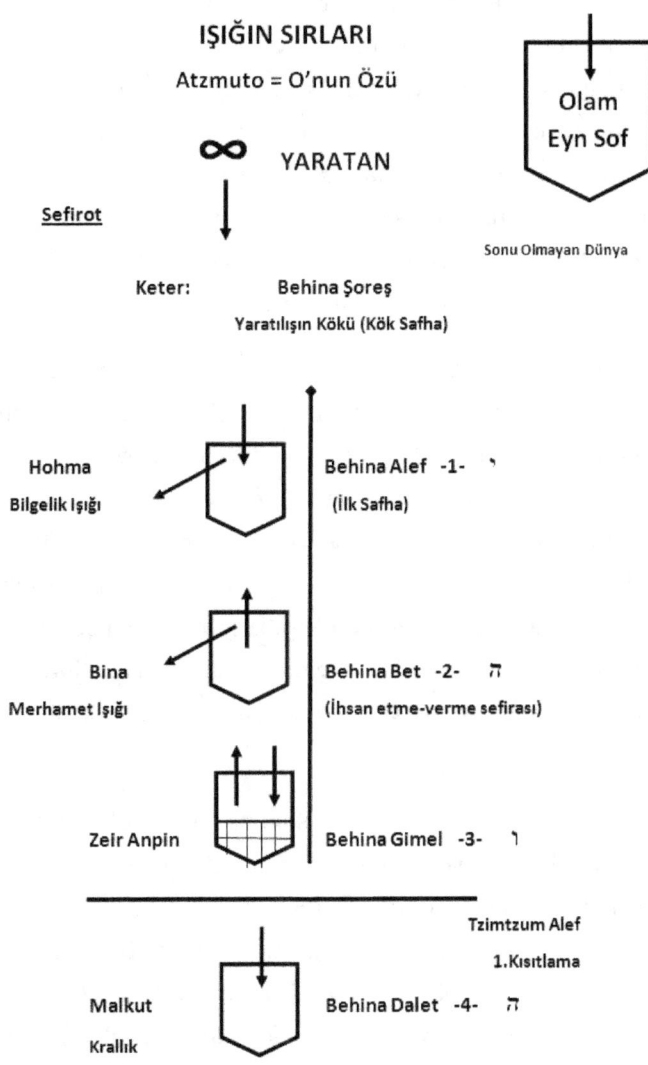

Şimdi bu yaratılan varlığı yaratma ve mutluluk verme arzusu yaratılışın ilk başlangıç noktası ve hemen akabinde olan şey haz alma arzusunun yaratılması oldu. Şimdi bu düşünceye Işık diyoruz ve bu da alma arzusu. Yaratılan ilk varlık bu. Bu safhada yaratılışın tüm ışığını içine alabilen bir kap oluşmuştur ancak bu kap bu ışık karşısında tümüyle pasifize olmuştur öyle iç içedirler ki sanki oluşumları aynı anda olmuş ve bir birlerine tümüyle bağımlıdırlar.

Burada veren bir güç var verme arzusu ve kendisine zıt olan bir koşul yani bir alma arzusu yaratıyor. Bu iki koşul bir birine kilitlenmiş durumdadır. Sanki aynı fikir biri paket biri içindeki ama ters nitelikteler. Bu ikinci safha ya da izlenim ve buna Behina Alef denir. Alef İbranice de ilk harf yani A harfi ve rakamsal değeri 1 dir ve bu 1. safha ya da izlenim olarak bilinir. Işık alma arzusuna yani bu ilk kaba girince olan şey arzunun haz duyması, ancak ışık aynı zamanda kaba kendi doğasından bir izlenim bırakıyor ve bu hissin sonucu olarak bir şeyler oluyor.

Işık alma arzusu olan bu kabı sonuna kadar doldurduktan ve tam bir hazza geldikten sonra kap ışığın doğasıyla ilgili bir izlenim hisseder. Işık kabı sonuna kadar doldurduktan sonra alma arzusu tam bir doyuma gelir. Bu sadece bir alma arzusu olduğu için verebileceği reaksiyon alma arzusunun işleyiş programına göredir ve bir verici olduğunu fark eder bu yüzden ilk izlenimi "bir verici olduğu hissidir". Dolayısıyla verme ve alma fonksiyonları olduğunu hissetmektedir ve bu durumda var oluşu bir şeye olan ilişkisine bağlıdır.

Burada birinci ve ikinci bölümlere sefirot olarak bakalım.

İlk izlenime "Keter" denir veya "Taç". İkinci izlenime "Hohma". Hohma erdemlik demektir. Burada ilk yaratılan varlığın hissettiği bu ışık, yani ilk safhada hissettiği haz Yaradan'ın niteliklerine yönelik duyduğu bir haz ancak içinde hissettiği bu ışık Or Hohma "Erdemlik Işığı" olarak bilinir. Bu yüzden erdemlik kelimesini her duyduğunuzda kabalistik yazılarda bu safhanın niteliğinden bahsediyor.

Şimdi burada Yaradan'ın verdiği hissinden dolayı bir şeyler olmaya başlıyor, aynı zamanda verme arzusundan alınan hazzı hissetmeye başlıyor ve alma arzusu olduğu içinde bundan haz almak istiyor. Bu yüzden bu arzuda, yeni bir izlenim ifşa olmakta. İçinde hissettiği bu arzuya şimdi gelebilmesi için (önce tümüyle dolmuştu ve sonrasında hissettiği Işıktaki bu niteliğe yönelik bir özlem hissetmeye başladı) bu duruma ulaşabilmek için, bunu kendisi için edinebilmesi için almaması gerektiğinin farkına varıyor. İstediği şey vermekten alınan hazzı hissetmek ve buna yönelik bir eylem yapıyor, ama sadece almak için inşa edildiğinden yapabileceği tek şey almamak. Başka bir deyişle Işığı reddediyor. Bu safhaya Behina Bet denir. Bet İbranice de ikinci harf ve burada hissettiği şey vermenin almaktan daha iyi olduğunu hissetmesi. Bu safha artık verme arzusu.

Burada şimdi çok ilginç bir durum söz konusu. Yer değiştiren iki safha var (1. safha 2. safhaya geçiyor) ve tümüyle ters bir hal almakta. 1. safha alma arzusu ve 2. safha verme arzusu. Bu sefira (2. safha) "Bina" olarak bilinir. Bina kelimesi Hitbenenut kelimesinden gelir, "gözlemlemek" ve aldığı izlenim Yaradan'ın niteliğidir, yani ihsan etme niteliği. Dolayısıyla 2.safha olan bu Bina sefirası ihsan etmek/verme niteliğidir.

Bu boşluk safhasında kaba bir izlenim daha gelir. Şimdi her Behina da (safhada) her izlenimde neden bahsedildiğinin farkına varmanızı istiyorum, Işığın eylemiyle ilgili değil. Işığın eylemi hep aynı. Her zaman yaratılan bir varlığın yaratılması ve hazla doldurulması kanununa göre işler. Işığın yaptığı tek şey budur. Bizim bahsettiğimiz kabın içerisindeki izlenimlerin yani arzunun, yaratılan varlığın içindeki hislerin değişimi. Şimdi 2. safhada Behina Bet de Işık eksikliği var ve buna göre de bir izlenim oluşuyor, doğasının aslında alma arzusu olduğunu anlıyor ve erdemlik ışığı olmadan da var olamayacağını anlıyor.

Işığın bu eylemine, geçişine "merhamet ışığı" denir (İbranice de "Or Hasadim"), ve bu şekilde var olamayacağını fark eder, alma zorunluluğundadır. Ama bir alıcı olmak istememektedir ve bu yüzden alırken ihsan edebilmenin yolunu bulmak zorundadır. Ve bu koşul yeni bir izlenim getirir.

Bu Behina Gimel—İbranice'de üçüncü harftir. Bu koşul iki izlenim getirir. Şöyle ki bu safha iki zıt durumu bir araya getirmektedir, hem alma olan Or Hohma ve vermek olan Or Hasadim. Bu iki zıt arzu bu safhada birbiriyle karışmış durumda. Neden? Burada neler oluyor? Bu alma şekli, Behina Gimel alma formunu verme formuna çevirmeyi keşif ediyor.

Yaratılışta var olan tek şey Yaradan ve yaratılan—Işık ve kab— o kadar. Yaratılan varlık kendi içinden gerçekten bir verme eylemi yaptığını hissetmekte ve yaratılan varlık açısından verilebilecek tek diğer varlık da Yaradan. Behina Gimel Yaradan'ın yaptığı eylemi kopyalamak için bir karar alır, anlar ki Yaradanın arzusu yaratılanı mutlulukla doldurmak ve bu hazzı da yaratılan varlık almak durumunda çünkü yaratılışın düşüncesi Yaradan'ın yaratılan varlıklara mutluluk ve haz verme arzusudur. Şimdi bir karar alır ve Işığın sadece bir kısmını alır diyelim ki Işığın %20'sini ve bunu sadece Yaratılışın amacını gerçekleştirmek için yapar, yani Yaradan'ın yaratılan bir varlık yaratma ve mutlulukla doldurma arzusu için. Dolayısıyla alma eylemini yaratılışın Düşüncesini yerine getirme niyetiyle yapacak. Sadece bu şekilde almak verme şeklini alabilir. Bu koşulda vermek niyet olarak adlandırılır. Eylemin ne olduğu önemli değildir; eylem niyettir. Bu durum aslında Kök Safha olarak bilinen Behina Şoreş olan Keter seviyesine bir derece benzer durumdadır.

Geriye kalan %80 Or Hasadim (Geriye Yansıyan Işık) hala haz, hala içine giren ışık ama bu ışığa bir önem vermemektedir. Bu safha, sefirot olarak Zer Anpin olarak bilinir ve aslında içinde 6 sefirot barındırır: Hesed, Gevura, Tiferet, Netzah, Hod, ve Yesod. Bu safha iki niteliğin karışımından ibarettir ve (verme) ihsan etme niyetiyle almayı mümkün kılmaktadır.

Bu simülasyonda Behina Gimel'in yaptığı verme eyleminde yeni bir izlenim doğmuştur. Bu safhada yaptığı eylemle Işığın sahip olduğu bir niteliği keşfeder ve bu niteliğin aslında Yaratılışın Düşüncesi olduğunu keşfeder. Vardığı sonuç sadece verme değil ve Yaradan'ı mutlu etmek için kısmi alma da değil, ama Yaratılışın Düşüncesi yaratılan varlığı tümüyle hazla sonsuz hazla doldurmak ve bu durumda bu amacı gerçekleştirebilmek için tüm Işığı kabul edip almak durumundadır.

Ve burada Işık kaba girer ve tümünü doldurur. Bu safha Behina Dalet, 4. safhadır, ancak çok benzemelerine rağmen 1. safha olan Behina Alef'den çok farklıdır çünkü burada olan fark Behina Şoreş, Alef, Bet ve Gimel de ki olan her şey bağımsız eylemler değildirler. Bu eylemlerin hepsi Yaradan tarafından yapıldı. Işığın gücünün işlemesine arzulanan şekilde karşılık veren koşullar Yaradan tarafından düzenlendi. Behina Dalet'te ise tümüyle yeni bir şey oluşmakta. Bu Yaradan'dan bağımsız olma ve Yaradan'ın verdiği bir durumda bağımsız bir arzu sahibi olarak eylem yapmak. Burada tüm Işığı alma niyetiyle Yaratılışın Düşüncesini tam anlamıyla gerçekleştirme fırsatı bulunmaktadır.

Bu noktada, yaratılan varlık için her şey değişmiştir. Bir kısıtlama ile arzunun doğası burada değişmeye başlar. Geçirdiği safhalardan sonra geldiği durumda artık Işığı direkt ışık olarak kendisi için değil de 4. safhada hissettiği şey Yaradan'ın statüsü. Şimdi de yaratılışta eylem denilen kısmı Direkt Işığı değil ama Yaradan'ın düşüncesini edinmek ister ve bu da zaten Yaradan'ın yaratılışı yaratırken baştan niyetidir. Bu durumda yaratılışın başlangıç noktasında ihtiyaç olacak tüm koşullar var. Bağımsız olan yaratılan bir varlık var.

Dolayısıyla bu 4. safha da ki sefiranın adı "Malkut" tur. Malkut kelimesi kral ya da krallık kelimesinden gelir. Bu şu demektir burada her şey arzu tarafından hükmedilmektedir. Şimdi burada sadece kendisi için almama niyeti, Yaradan'ın statüsünü hissettikten sonra, alma halinden utanç duyar ve bu yüzden bir kısıtlama yapar, 1. kısıtlama "Tzimtzum Alef" ve bu an itibariyle yaratılışın arkasındaki Düşüncenin peşinden gider, yaratılışın eylemi peşinde değil.

Şimdi burada Malkut var yaratılışın başlangıcı. Bu kab, 4. safha/Behina "Olam Eyn Sof" olarak bilinir yani "Sonu Olmayan Dünya" ve tüm dünyalar ve ruhlar buradan doğar.

Yaratılışın her kısmında tam anlamıyla bu form vardır. Bu süreç, makro şablon, aynı zamanda Yaradan'ın dört harfli adı olarak bilinir. Yud harfinin ucu Yud, Hey, Vav, Hey veya HaVaYaH. Bu adı gördüğümüz zaman yukarıda anlatılan bir dizi gücü tarif etmektedir.

Kabala ilmindeki tüm kelimeler, isimler ve tanımlar sanki fizik ilmindeki formüller gibidir. Işık ve Kli (Kap-Arzu) arasındaki ilişkiden bahsetmektedirler. Burada gördüğümüz şey kabalistlerin bize yukarıdan aşağı doğru bir harita verdikleridir bu nasıl yaratıldığımızın haritasıdır. Ama sadece bu değil. Aynı zamanda kişinin manevi yükselişinde edinmesi gereken safhaları aktarmaktadır. Bize amacı verir, kökümüzü ve yolumuz üzerindeki yerleri gösterir. Yaratılan varlık da kısıtlamayı gerçekleştirdiği zaman yaptığı şey de budur. Yaratılışın düşüncesini edinmek için bir sistem inşa etmeye başlar ve buna dünyalar denir, ama bunu bağımsız bir arzu olarak yaparak Yaradana kendisini eşitlemelidir.

"İnsan her şeyi kendi içinde barındırır. Eğer kişi kendi içinde bir ıslah yaparsa, o zaman tüm yaratılışı Yaradana yakınlaştırır. Dolayısıyla adam sadece kendisini ıslah etmekle yükümlüdür. Kendisini manen yükselten bir kişi tüm dünyaları kendisiyle birlikte yükseltir. Bu yüzden şöyle denir tüm dünyalar insan için yaratılmıştır."

Bir sonraki derste manevi edinimin temel aracını öğreneceğiz – perde inşa etmek, yani Yaradanın düşüncesini edinmek için bir duyu ve Onunla form eşitliğini edinebilmek. Bir sonraki derste görüşmek üzere.

Ders 5 – 6. His – Duyu

Bu derste kabala ilminde edinim sahibi olmanın temel prensibini öğreneceğiz. Yeni bir duyunun inşa edilmesinden bahsedeceğiz, 6. his ve bu his kişinin manevi dünyalar olarak veya maneviyat olarak bilinen yaratılışın üst seviyesini hissetmesine yardımcı olacak. Manevi dünyaya girmenin metodu.

Önce kısaca geçen derste öğrendiklerimize bir göz atalım.

Geçen derste yaratılan varlığın yaratılışının 4 safhasını inceledik ve başlangıcının Yaratılışın başlangıcının bir düşünce olduğunu gördük – Yaradanın düşüncesi, Yaratılışın Düşüncesinde bir yaratılan varlık yaratmak ve hazla doldurmak olduğunu gördük. Buna göre de hemen yaratılan varlıkta, yani alma arzusunda, buna göre bir reaksiyon olduğunu gördük.

Alma arzusu Işığı hissedip bir izlenim alıyor, sadece direkt olarak aldığı hazzı değil ama aynı zamanda Işığın niteliğini de hissediyor ve bir alma arzusu olduğu için de bu hazzı da almak istiyor. Bunun sonucu olarak içinde yeni bir algı ve safha ya da izlenim oluşuyor ve hazzın vermekten geldiğini hissediyor. Ama bir alma arzusu olduğundan veremez, yapabileceği tek şey ışığı kabul etmek ya da etmemek.

Vermeye yakınlaşabilmek için, ışığı reddetmeye karar verir. Bu boşlukta yeni bir izlenim olur ve var oluşunun Işığı almasına bağlı olduğunu anlar ve bu boş ve kötü koşulda var olamayacağını anlar ve Işığın bir kısmını kabul etmek zorundadır. Ancak Işığın sadece az bir kısmını alır çünkü burada aldığı izlenim Yaradan'ın o Yaradan Gücün istediği şey yaratılan varlığın alması. Bu yüzden az bir Işık almaya razıdır ki Yaradan'ın rızası gerçekleşsin. Bu safhadaki algı iki izlenimden ibaret, fark ettiği şey kendisinden daha yüce bir varlığın yaratılanı tümüyle mutlulukla doldurmak istediğini fark eder.

Ve buradaki bir sonraki safha, 4. safha, daha önceki 3 safhadan çok farklı – çünkü Yaradan'ın yaptığı bir eylem değil, bağımsız bir arzu. Ancak bu arzu direkt olarak Işığı almaya yönelik değil. Burada Yaradanın yapısını fark ediyor ve istediği şey de bu. Kendisinin bir alıcı olduğunu ve Yaradana ne kadar ters olduğunu hisseder. Bu yüzden yaratılışın eylem kısmı yerine arzuladığı şey form eşitliğine gelmektir yani Yaradanın niteliğini ve yaratılışın düşüncesini edinmek.

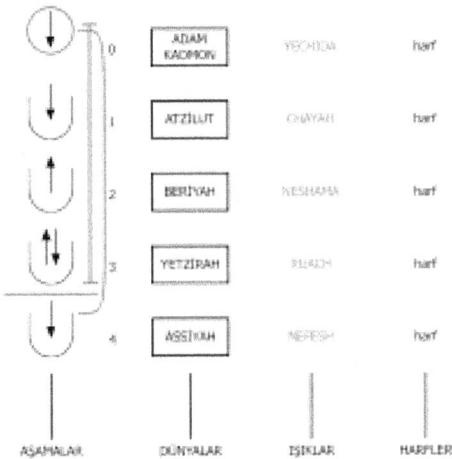

Şimdi yaratılan varlığın son durumu bu. Alma şekli üzerine kısıtlama yaptı. Artık kendisi için almayacak. Geldiği karar kendi doğasına tümüyle zıt olan bir nitelik edineceği.

Bir alma arzusu olarak yaratılmıştı ancak şimdi vermek olan kendisine zıt bir niteliği edinme kararı alır.

Bunu yaptıkça, bunu yapabilecek bir yol bulursa o zaman kendisi için bir sistem inşa edip bunun içine girmesi lazım. Öyle bir sistem ki alma arzusu ve verme arzusu niteliklerinin farklı oranlarda etkileşimi olsun. Bu doğrultuda yükselişi daha çok form eşitliğine gelerek gerçekleşir, böylelikle olmayı istediği hale giderek yakınlaşır. Dünyalar denilen bir sistemden yükselir ve bu dünyalar yaratılan varlığın ve dünyanın tümünün ıslahı için inşa edilmiş bir etkileşim sistemi gibidir.

Yükseldikçe bu dünyaların iç niteliklerini edinir ve bu niteliklere "ruhun" seviyeleri veya "ışıklar" denir. Bu seviyeler Nefeş, Ruah, Neşama, Haya ve Yehida ve yaratılan varlık giderek daha çok ve daha çok form eşitliği edinir, erdemlik, beceri ve Yaradan'ın ihsan etme niteliğine tutunup tümüyle O'nunla form eşitliğine gelir. Ancak bir problemi vardır, tümüyle zıt yaratıldığı için; sadece bir alma arzusudur. Yaratılan varlık bu; biz buyuz. Peki, nasıl olurda doğamıza tümüyle zıt bir hal alabiliriz? Şimdi yaratılışın amacının ne olduğunu ve rolünü de bilse bile, sanki sıkışıp kalmış bir haldedir. Baştan Yaradan yaratılan varlığı mükemmel yarattığından sadece alma denilen bir niteliği ancak araç olarak kullanabilir ve bu yüzden büyüyen egoist alma niteliklerini bir şekilde vermek için kullanmayı keşfetmeli.

Daha önce öğrendik ki 5 duyumuz programlanışları gereği üst dünyaları algılamamıza ve yaratılan varlığın şimdiki amacına ulaşmasına izin vermemektedir. Farkına varmamız gereken şey 5 duyumuzda var olan programa "egoizm" denilir ve aslında egoizm sadece bir niyet ya da bir düşüncedir, bu programın bize dediği şey kısaca şu "bu işte benim kazancım ne?" Bu yüzden 5 duyumuzla ne algılarsak algılayalım sadece alma arzumuza göre algılayabiliriz, ama bunun üzerine edinebileceğimiz nitelik verme, özgecil olma veya ihsan etme niteliği.

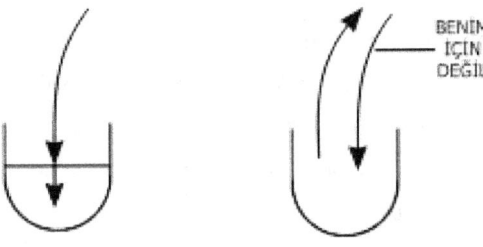

Bu yüzden aslında vermekte bir eylem değil: bir niyet. Beş duyumuzun hissetmediği bu durumu hissedebilmek için yeni bir program geliştirmemiz gerekiyor, dışımızda var olan programa uyumlu bir program geliştirmemiz gerekiyor. Bu altıncı duyu yani özgecil bir niyet inşa edilmeli ve buna aynı zamanda perde de denilmektedir. Bu perde ek bir duyudur ve Manevi Dünyaları algılamamızı sağlar.

Kabala kelimesi almak anlamındadır. Aslında daha doğrusu "nasıl alınmalı" anlamındadır, almanın doğru yolu.

Kabala metodu tümüyle pratik bir yöntemdir. Yaratılıştan alma arzusu olan doğamızı ele alır ve bunu almaya uygun bir forma getirerek değiştirir, öyle ki almanın doğru yolu olan ihsan etme ya da özgecil verme haline getirir.

Şu anda alma arzusu içine aldığımız zaman gördüğümüz şey bu alışın son derece sınırlı olduğudur. Alma arzusu asla doldurulamaz.

Diyelim ki bir arzu var, örneğin pasta yemek için, güzel çilekli ve çikolatalı bir pasta, kremalı ve soslu ve bunun içinde bir ihtiyaç bir fikir bir eksiklik hissi var. Bu pastayı yemeye başlar başlamaz arzu artık söner: arzuyu artık hissedemeyiz. Arzu geçicidir. Yaşar ve ölür.

Böyle olmasının nedeni hazzın sadece ihtiyaç ve tatminliğin kesişme noktasında hissedilmesidir ve sonrasında da kaybolur. Dolayısıyla da arzu ölür. Kabalanın öğrettiği şey doğru bir şekilde almanın yolu, bu şekilde arzulanan ve bundan alınan haz varsa, haz hiç bitmesin; yani arzu da haz da büyüsün. Arzu (kab) ne kadar büyük olursa o kadar o kadar fazla haz olur. Bu durumda ancak Behina Gimel dediğimiz 3. safhada iki koşulun beraber olmasıyla olabilir, yani alma eylemini sadece Yaratılışın amacına yönelik bir doyum olursa yapabilirim ki bu alma eylemi ihsan etme formunda olsun.

Bunu nasıl yapabilir ve başarabiliriz?

Baal HaSulam, çok derin ve güzel bir hikaye ile içinde bulunduğumuz durumu ve nasıl açabileceğimizi bize bir hikayeyle anlatıyor. Aslında derin çünkü içinde bulunduğumuz gerçek doğayı anlatıyor, farkında olmadığımız doğamızı.

İki çok yakın arkadaş vardır, bir tanesi diğerini yemeğe davet etmek ister ve dostunun sevdiği her şeyi düşünür. Sevdiği yemekleri düşünür, sevdiği içecekleri her yemekten ne kadar pişireceğini ve yemeğin nasıl sunulacağını ve rahat etmesi için nasıl bir düzen kurulacağını, yani sürekli arkadaşını ve ona hazırlayacağı mükemmel yemeği düşünür.

Arkadaşı gelir, içeri girer ve önünde tam anlamıyla bir ziyafet görür ve ilk reaksiyonu gördüğü her şeye saldırıp yemek istemesidir ve aslında ev sahibinin arzusu da budur. Sonra aklına birden başka bir düşünce gelir, ev sahibinin çok yakın bir dostu olduğu ve onun bunları hazırladığı ve kendisinin ise sadece yemekleri yemeyi düşündüğünü anlar ve içinde utanç hissi kabarır çünkü arkadaşı tam önünde durmakta ve ona bakmaktadır.

Sadece kendi başına bir odada masa dolu bir ziyafetle beraber değil; dostunu tam karşısında görüyor ve her şeyi onun için yaptığının farkına varıyor ve kendisinin ise orada sadece bir alıcı olduğunu fark ediyor. İçinde hissettiği bu utanç hissi dayanılmaz bir boyuta varır ve yemeği reddeder.

Birisinin size beklenmedik ve büyük bir hediye verdiği zamanki hissi bilirsiniz. Birden böyle bir reaksiyonunuz olur ve bu hissin nereden geldiğini de bilemiyoruz "Hayır! Ben bunu kabul edemem" bu direkt bir mahcubiyet hissidir ve bize alıcı olduğumuz hissiyatından gelir.

Şimdi misafir yemeği yemiyor ve ev sahibi dostu diyor ki: "Ama ben bunların hepsini sadece seni düşünerek senin için yaptım; tüm günümü bunları hazırlamak için geçirdim ki beraber oturup zevkle yemek yiyelim ve şimdi sen yemek istemiyor musun yani, şimdi bu ziyafet tam anlamıyla boşa gidecek ve çöpe atılacak ve ben senin alacağın zevki de göremeyeceğim."

Böylelikle misafir bu durumda kontrolün kendisinde olduğunu fark eder. Görür ki sadece bir alıcı değil. Eğer bu yemeği yerken bunu sadece dostunun arzusunu yerine getirmek için yaptığını düşünürse o zaman utanç hissetmez, yiyebilir, tadabilir ve zevk alabilir. Ve zevk almalı da. Sadece yediği için değil çünkü çok sevdiği dostu bunu kendisi için hazırladı ve hazzı ev sahibinin mutluluğunu görmekten gelecek. Bu karşılıkta misafir almanın karşılık olarak kullanılabileceği anlayışına varmakta ve ev sahibinde de düşüncesini anlamaktadır çünkü şimdi ev sahibi ona yönelik nasıl düşünüyorsa misafir de ev sahibine yönelik bu şekilde düşünüyor: "Bunu sadece dostumu mutlu etmek için yapıyorum. Tüm amacı benim bu ziyafeti yememden olacağı için bu ziyafeti onun mutluluğu için yiyorum."

Dolayısıyla doğamız olan alma niteliğini evirip çevirip ihsan etmeye getirebilmeye mucize denir. Burada fiziksel olarak eylem değişmedi ama içsel olarak eylem değişti. Misafirin yemeği alıp yerken ne maksatla ya da hangi niyetle alıp yediği eylemi almaktan vermeye çevirmektedir. Bu şekilde kişinin ihsan etmek için alma niyeti "perde" denilen bir duyuya çevrilebilir ve böylelikle kişi Manevi Dünyalar denilen ihsan etme seviyelerini anlayabilir.

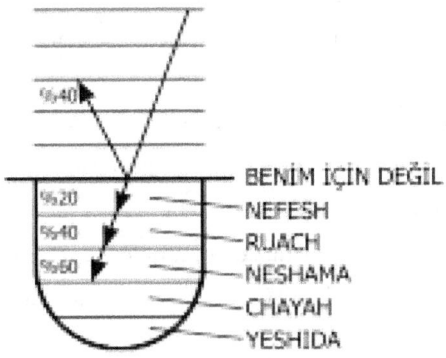

Burada alma arzumuz var, kabımız ya da Kli'miz. Bu kab ziyafet için arzularla dolu. Yaradan'ın yani misafirin vermek istediği şey ise bu kabın dışında bulunan ihsan etme düşüncesinde. Işık her zaman üzerimize baskı yapıyor ve bizi % 100 sonsuz hazla doldurmak istiyor ama ışığı Onun koşullarına göre alabilirsek yani ihsan ederek ancak kabımıza girmesine izin verebiliriz yoksa hissetmemiz mümkün değil.

Şimdi burada manevi açıdan bakarak ziyafetten haz almayı düşünecek olursak, o zaman alma arzumuzun üzerine bir perde yani bir niyet koymamız lazım. Bu niyet kendim için almak değil. Bu oluştuktan sonra diğer her şey kabın içinde nasıl olacağına dair hissedilmeye başlanabilir, kontrol edilebilir ve alma arzusundaki tecrübe tayin edilebilir.

Böylelikle yemekte hissedeceğimiz ilk şey perdeye çarpar. Şimdi eğer yaratılan varlık bu miktarı sadece ev sahibine mutluluk vermek için alabilirse – o zaman sanki yemeğin ilk aperatif kısmı gibi hissedebilir – eğer niyetini muhafaza edebilir ve kendi için değil ama ev sahibine mutluluk vermek için tutarsa o zaman ışığın bir kısmı kaba girer, bu durumda kaba sadece tat ve haz değil ama ev sahibi hissi ve ev sahibinin bunu vermekteki niyeti de hissedilmektedir.

Diyelim ki bu durumda ışığın sadece %20 si midenin ilk bölümüne girdi ve geriye kalanını geri çevirdik – geriye çevirme nedeni yemekten haz almadığı için değil, burada prensip şu büyük haz küçük hazzı yutar. Yemekten alınan haz kabın umurunda değil. Değer verdiği tek şey Yaradan'ın düşüncesi. Bu durumda sadece %20 kadar bu rıza algılanabilir. Şimdi eğer ev sahibinin düşüncesini tatmin etmek için daha fazla bir miktar alınabilirse o zaman %40 kadar alır ve %60'ı geri çevirir.

Şimdi burada olan şey şu Yaradanın ışığı, Düşüncesi, kabın benzerliği edindiği derece yaratılan varlığın bir parçası, niteliği olur ve gelişmeye başlar. Ruhumuzu bu şekilde yetiştiriyoruz. Burada da bu ilk %20 lik Işık Nefeş – ruhun ilk seviyesi olarak bilinir.

Burada, eğer bu niyet Yaradan'ın niyetine ihsan etme niteliğinde uyarsa, ikinci bir seviye olan Ruah kaba girer. Bu sadece bilgi veya entelektüel bir şey değil ama Yaradan'la benzerlik. Yani, kabın içinde olan algı kabın dışında neyin olduğunun algısı. Şimdi 6. his ya da ruhumuz bize manevi bu objenin tam olarak ne olduğunu söylüyor: aperatif ya da salata çorba falan değil, Yaradan'ın tüm yaratılışa yönelik düşüncesindeki niyet.

Bu büyümeye devam ettikçe ve geriye kalan %60 dolunca ve sadece %40 hissedilmeyen kısım olarak kalınca yeni bir Işık girer, "Neşama", bu Yaradan'ın düşüncesini daha derin anlamaktır, daha büyük bir benzerliktir ve açlık açısından ana yemeği artık aştık ve ev sahibini memnun etmeyi kabul ediyoruz. Ta ki en sonunda tatlı ve üzerine güzel bir Türk kahvesi içerek Haya ve Yehida ışıklarını alarak en üst seviyeye varıyoruz.

Ve burada, yaratılan varlık Yaradanla Yaratılışın Düşüncesini edinmekte mutlak benzerliğe gelir. Şimdi bağımsız bir arzusu vardır ve dışarıdan gelecek hazlara göre değil ama sadece Yaratılışın Düşüncesine eşit şekilde davranabilir. Böyle yaparak yaratılan varlık aşağıdan yukarıya doğru tüm 125 basamağı tamamlamak üzere hareket eder, bu arada bu safhalara Partzufim (yüzler/ suratlar) denir.

Burada kişinin oluşturduğu şey Roş (Baş) ve burası da Guf (beden) olarak bilinir. Bu şu demektir kişi bağımsız bir arzu vasıtasıyla yaratılan varlık şimdi kabın içindeki realitenin ne olacağına karar verebilir. Hayatın ve hazzın kalitesini tayin edebilir ve bunun hepsini de hayatın genel iyiliği için yapar kendisi için değil.

Kabalist Dr Laitman bu durumu şöyle özetliyor:

Kişiye manevi arzular direkt yukarıdan gelir. Bu arzuları hissedebilmek için "Perde" adı verilen bir algıya ihtiyacımız vardır. İnsan bu duyuyu edinir edinmez haz hissetmeye başlar. Hazza üst ışık denir. Haz alma arzumuza perdenin vasıtasıyla girer. Üst ışığı alarak haz hissetmek ruh olarak bilinir. İnsan ışığı haz kaynağı hissedebilmesi için algılayacak ek bir duyu edinmesi gerekmektedir.

Tüm parçalar: Işık (haz), perde (almak için araç) ve ruh (alıcı) hiç bir şekilde fiziksel bedenle alakalı değillerdir. Bu yüzden kişinin bedeni olup olmaması bile önemli değildir. İnsan üst ışıkla bağ kurar kurmaz, kendisini ıslah etmeye başlar ki kendisini bu ışıkla doldurabilsin. Kişinin aşamalı olarak niteliklerini ışığa benzetmesine ve ışıkla dolmasına manevi yükseliş denir.

Beden sadece manen ilerleyebilmek için bir araç yoksa bizim için başka hiç bir şey ifade etmiyor. Küçük bir haz büyük bir hazza kıyasla hissedilmez: büyük haz onu bastırır. Bu yüzden bir kabalist bizimle aynı dünyada yaşamasına rağmen manevi dünyadadır.

Bir sonraki derste görüşmek üzere.

Ders 6 – Form Eşitliği

Bir önceki dersimizde, Masah adı verdiğimiz perde konusunu öğrendik yani Kabala metodunda edinim için gerekli ana araç. Tekrar hemen bir üzerinden geçecek olursak, Yaradan'a ihsan edebilmek için, yaratılan varlık kendi içinde onu saran niteliği oluşturur; form benzerliği olan içsel bir nitelik, dışında olan ihsan etme niteliğiyle form benzerliğine gelmek. Yani yapabildiği alma eylemi ihsan etme eylemine dönebilsin.

Ayrıca üst realitedeki, manevi dünyalardaki tüm eylemlerin, form eşitlik kanunu vasıtasıyla olduğunu öğrendik. Şimdi bu form eşitlik kanununu bir nevi mistik veya sihirli veya yeni bir şey olarak hayal edebilirsiniz ancak bu sadece Kabalistler tarafından oluşturulan bir prensip değil. Doğa kanunu hatta tüm evrende gördüğümüz her şeyi idare eden bir kanun. Doğada var. Kabalistlerin bize gösterdikleri şey bizlerin bu metot vasıtasıyla geliştiğimiz, büyüdüğümüz, hareket ettiğimiz ve yaratılışın amacını da buna göre edinebileceğimiz.

Bu derste form eşitliğine biraz daha yakından bakacağız. Bu kanuna Baal HaSulam'ın yazdığı bir makale ile bakacağız. Aslında bu sadece makalenin bir kısmı. Makalenin adı Matan Tora (Tora'nın Verilmesi yani Işığın bize verdiği eğitim). Makalenin kısmı İşleyen Akıl olarak biliniyor.

Kabalistler her insanın ruhunun kökünü edinmesinin zorunlu olduğunu yazarlar, yani yaratılan varlığın amacı, en çok arzulanan şey, Yaradan'la bütünleşmek, şöyle yazdıkları gibi "ve O'nunla bağ kurmak" ve Kabalistler bu cümleyi O'nun nitelikleriyle bağ kurmak olarak tanımlıyorlar, O'nun merhametli olduğu gibi sizde merhametli olun gibi.

Burada şöyle yazıyor "her insan ruhunun kökünü edinmek zorundadır." Başka bir deyişle, birisi ruhunun köküyle bağ kurma kararı alıyor değil, yani tüm sistem Yaratılışın Düşüncesi denilen bir plan ve uygulamadan geliyor ve bu plan kişiyi ruhunun kökünü edinip anlamaya getirecek.

Yaratılışın düşüncesi bir varlık yaratıp ışıkla doldurmak ve bunun bu dünyadaki yansıması form eşitliği kanunu ile olmaktadır. Şöyle ki tüm doğa bu kanuna göre işler. Çevrede ve aslında evrendeki her mekanda sürekli bir baskı vardır ve sürekli de bu dış baskıyı dengeleyecek bir iç baskı vardır, böylelikle hareketsiz bir dengeye gelinebilir yani sükunete. Bu kanun sürekli işleyen bir kanundur.

Kabala ilmini manevi dünyaların fizik ilmi olarak düşünebilirsiniz ve bu önemli noktayı bize göstermesinin nedeni algılamaya başlayabilir ve bununla çalışabiliriz. Ancak bu kanun doğal olarak evrende işliyor ve doğal bilimlerlede gözlemleyebiliriz. Örneğin astro fizikçiler materyal evrenin büyük bir patlama ile başlayıp – big bang teorisi – bu noktadan sonra evrende olan her şey bir nevi bu gücün denge bulana kadar eşitlenme yönünde eylem yapması. Dolayısıyla doğadaki tüm güçlerin işleyişi dengeli bir hale gelmek için.

Bizim dünyamızda, bu kanun katı bir şekilde uygulanmaktadır ve hayatın her seviyesinde görebiliriz, dünyamızda var olan farklı katmanlarda.

```
İNSAN              - 4 - Manevi
HAYVANSAL          - 3 ⎫
BİTKİSEL           - 2 ⎬ Fiziksel
CANSIZ/DURAĞAN     - 1 ⎭
```

Örneğin cansız seviyede, örneğin hava değişimi, yer altındaki katmanların hareketleri, rüzgar ve su, sürekli denge için bir hareket durumundalar. Bitkisel seviyede de bu kanunların geçerli olduğunu görüyoruz, mesela dışında olan ışıktan ihtiyacı kadar aldığını, geçirdiği kimyasal süreci ve topraktan aldığı minerallerin içinde hareketleriyle tüm yaprakları bedeni ve köküyle bir nevi eşitliğe getirişini.

Hayvansal seviyede — hayvanların yiyecek olduğu bölgelere hareket ettiğini ve hayatta kalmak için kendilerini adapte ettiklerini görürüz. Eğer dışsal faktörler değişirse sürekli kendilerini adapte etme yolunda hareket ederler.

Ancak insan seviyesinde, form eşitlik kanunu tutmuyoruz çünkü yaşadığımız ortak cansız, bitkisel ve hayvansal seviyelerin ortamı gibi değil. Bu 3 seviye zaten bu kanuna göre mükemmel bir şekilde işlemekte. İnsan seviyesinde ise önümüzdeki kanunlara akıl erdiremiyoruz ve kendimizi de nasıl adapte edeceğimiz hakkında hiç bir fikrimiz yok.

Yani insan seviyesi, zeki ve fiziksel hayvan dan bahsetmiyoruz, yaratılışın üst güçle bağ kurması gereken parçasından bahsediyoruz ve fiziksel dünyanın form eşitlik kanunlarını nasıl tutması gerektiğini öğrenmesi gerekmiyor, öğrenmesi gereken manevi seviyede bu kanunun nasıl tutulacağıdır çünkü insan seviyesinin çevresi manevi dünyalardır.

Biz ise içinde yaşadığımız çevreye bakıyoruz. İnsan seviyesini saran dünya aslında doğada bulunan aynı prensibe bağlıdır, sadece düzeni farklı çünkü insan hissi bir varlıktır, düşüncelerinde ve niyetinde, dolayısıyla bizim üzerimizde işleyen aynı kanunlar bu doğaya göre hitap eder.

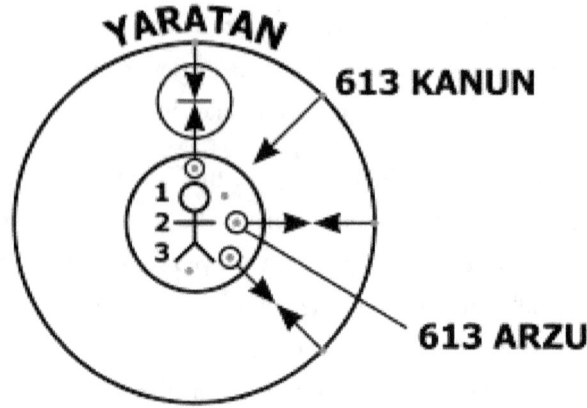

Kendimizi içinde bulduğumuz çevre burası. Burada bir etki alanı var ve bu etki alanına "Yaradan" diyoruz. Yaradan bizi doğanın kanunları olarak da bilinen güçler vasıtasıyla etkiler. Yani zoraki koşullardır. Bize bu koşullar Yaradan'dan gelir ve bunların her biri mevcut 613 kanundan biri olarak etkiler. Bu kanunlar sevgi kanunları olarak bilinir; ihsan etme kanunları; yaratılan varlığa yönelik niyetler.

Yaratılan varlık bu alan içerisinde ve yaratılan varlığın seviyesinin altında da diğer seviyeler vardır — 1, 2 ve 3, daha önce bahsettiğimiz gibi. Yaratılan varlığın içinde, sanki eşitlenmesi gereken güçler var gibidir ve Yaradan'dan gelen etkiyle eşitlenmek zorundadır bunlara da "arzular" denir.

Yaratılan varlıkta 613 arzu vardır, yaratılan varlığın insan seviyesinden bahsediyoruz. Form eşitliği kanunu demek içsel arzu ya da baskıyı dengeye getirmek demektir ve bu denge halinden Yaradan'ı hissedebilir. Bu güçlere eşitlenmediğimiz kadarıyla hem biz hem de bizim seviyemizin altındaki tüm seviyeler ıstırap çekerler ve hayat kötüye gider. Kendimizi de eşitleyebildiğimiz kadarıyla, form eşitliğini bulabildiğimiz kadarıyla ve hayatın kanunu denilen ki bu bizide dahil eden bir hayat, sükunet buluruz. Adam, yani insan seviyesi, o dengeyi bulup eşitlik sağlıyor ve 613 kanun gibi olur.

Tüm bu kanunlar hem hayatın alt seviyede ki derecelerini hem de insan seviyesine ait olan seviyeleri eğer yaratılan varlık doğanın kanunlarına kendisini eşitlerse etkiler, bu durumda kişi aynı zamanda Yaradan'la da kendisini dengelemiş olur, aynı zamanda Kabalistler şöyle diyorlar Gimatriya'da Teva (doğa) kelimesi Tanrı (Elokim) kelimesiyle aynı rakamsal değer taşır: 86, bu şu demektir yani ikisi aynı şey; hem insan seviyesine hem de altında ki tüm seviyeler için geçerlidir.

Bu biraz mekanik gelebilir, çünkü açıklama mekanik ve bizler de içsel hallerimizin altımızdaki seviyeleri nasıl etkilediklerini hissetmiyoruz ayrıca bilmek zorunda değiliz sadece hissettiğimiz hallerin farkında olmak ve ilişkilerimizde nasıl etrafımızda işlediğini bilmek, yani etrafımızdaki insanlarla, yaşadığımız ve hayatımızda olan olaylarla. Aslında da arzuların getirdiği içsel baskı ile dışarıdan gelen baskının eşitlenmesi kanunu bundan ibaret.

Misafir ve ev sahibi hikayesinde öğrendik ki bu kanunları algılayabilmek için onlarla kendimizi eşitlememiz lazım. Kendimizi alacağımız hediye ile değil ama eylem olan Yaradan'la, ihsan edenle ilişkilendirmesi önemli – eylemin arkasındaki düşünce ve koşulların ne olduğunu kendimiz keşfedip bu duruma olan yaklaşımımız ne olacak? Sanki yapması çok zor bir şeymiş gibi gözüküyor ama bu koşulu hissedebilişimiz zaten doğada mevcut ve öğrenmemiz gereken tek şey nasıl işlediğini gözlemlemek, bizi nasıl idare ettiğini görmek ve yapmak.

Baal HaSulam'ın İşleyen Akıl makalesine devam edelim. Bunu okudukça yazarın düşünce ve hissiyle bağ kurmaya çalışın ama özellikle yazarın bunun neden size ifade ettiğini.

İşleyen Akıl

Bir örnekle açıklayacağım; bu dünyada yapılan her işin sonucunda işi yapanın düşüncesinin o işte kaldığını görebiliriz: örneğin yapılan bir masada marangozun ustalığının aklını ve ustalığını uygulayışını görebiliriz, ustalığı iyi ya da kötü, o andaki akıl, bilgi ve becerisiyle yapabildiği kadarıyla değerlendirilir ve her kim bunu incelerse ve işin arkasındaki düşünceyi edinirse (fark ederse) bunu yapan akıl ile aslında bir olurlar.

Bu dünyada ifşa olan her şeyde görüyoruz ki arkasında bir düşünce var. Basit bir şekilde yoktan var olmuyor. Bu dünyada yapılan şeylerde barizdir ki arkasında bir usta var. Bu verilen fiziksel örnekte de görüyoruz ki işin kalitesi, özeni, ne için kullanılacağı niyeti en basit şeylerde bile hissedilebilir. Kalite dediğimiz şey budur. Objenin sadece pahalı veya güzel olması değil, ama dikkatlice bakınca o işin arkasındaki niyeti hissedebilmek; böyle güzel bir koşul veya obje oluşturacak aklın ve arzunun kalitesini görmek.

Fiziksel bir objeye bakıp belkide güzelliği tarafından kişi körelebilir, ancak bu objenin arkasında olanı arzulamak, hissetmek ve bilme ve onun gibi olma şöyle ki "Dostumun yaşadığı ne onu bilmek istiyorum, bunu yapan ustanın ne ifade etmek istediğini bilme arzusu, ne için ve ne niyetle yaptığını anlamayı istemek." Sadece objeyi olduğu gibi alacak olursam hiç bir şey anlayamam ama objeye bakacak olursam ustanın aklını hissedebiliriz.

Burada makaleden biraz atlayıp ileri geçiyorum. Şöyle yazıyor:

Dolayısıyla kişi arkadaşının performansını düşündükçe ve eylemde yaptıklarının arkasındaki zekayı anlarsa o zaman ikiside eşit halde o gücün içinde tek güç ve tek akıl olarak birleşirler; şimdi bir olurlar, sanki sokakta şans eseri çok sevdiği bir dostuna rastlaması gibidir, onunla kucaklaşır ve aralarındaki bağdan dolayı onları ayırmak mümkün değildir.

Başka bir deyişle, eğer kişi verişin arkasındaki düşünceyi algılayabilirse, düşünceyle bir bağı olursa, o zaman düşüncenin ve niyetin doğduğu o noktayla bağ kurmuş olur. Bu durumda eylemin ötesinde dostuyla bağ kurmuş olur. Şöyle ki "Şimdi ustanın ne ifade etmek istediğini anladım. Bana aktarılan kavramı kendime yakın olarak hissedebiliyorum, bunu niyet eden akılla şimdi birim."

Genel olarak konuşacak olursak, bir güçten bahsedecek olursak o Zekâ'nın niteliğinden bahsedilmektedir, bu Yaradan ve O'nun yarattıkları arasında bulunur, şöyle ki O bir kıvılcım Zeka yarattı ve onun vasıtasıyla herkes O'na geri dönecek.

Bizlere fiziksel olarak sunulan her şey, her his, olay, arzu ve hazlar sanki dışımızda bir dünya varmış görüntüsü aslında Yaradan'ın Aklı yani Yaradan'ın Düşüncesinin bizlerin alabileceği bir şekilde ifadesidir. Eğer neden bu durumun verildiğini anlama arzumuz varsa, verilenin arkasındaki sevgi niteliğini, o zaman o aracıyla bağ kurmalıyız, Işıkla. Bu Kaynağımızdan bize yansıyan akıldır.

Ve bu cümleyi hatırlayalım: "Hepsini erdemlikle yaptın," yani, O tüm evreni erdemliğiyle yarattı; yani, düşüncesiyle ve bu yüzden her kim O'nun evreni yaratışını ve düzenini anlama seviyesine yükselirse elbette O'nun aklıyla bütünleşir ve böylelikle elbette O'nunla da bütünleşir.

Yaradan'ın eylemleri fiziksel olanlar değildir. İnsan seviyesinin yaşadığı ortamın fiziksel eylemler olmadığını tekrar hatırlamamız lazım, zaten fiziksel dünya hep dengesini koruyan bir sistemdir. İnsan seviyesinin ortamı Yaradan'ın düşüncesidir. İnsan bununla bağ kurabilir. Sebep denilen faktörle bağ kurabiliriz. Bağ kurmak sadece aynı düşünceye ve niyete girmektir. Bu olmaya başladığında, dışsal fiziksel bir dünyada artık ayrı olmayız, bu dünyadaki her şeyi yaratan o noktayla bağımız olur.

Bu ancak Yaradan'la bir ilişki olursa yapılabilir. İki kişinin sevgisine benzetebiliriz, şöyle ki birisini sevdiğiniz zaman o kişinin bilmesini istersiniz. Onlara mesajlar gönderirsiniz, nelerden haz duyduğunuzu paylaşırsınız, onlarla düşüncelerinizi paylaşırsınız ki aranızdaki sevgi bağının derinliği ve somut olarak sevginin hacminin hissedildiği ortak bir yer olsun. Böylelikle hayatımızda sürekli cereyan eden bu olaylar sanki sevgi mesajları gibi olsun, Yaradan tarafından bizi çağıran davetiyeler gibi ve bizim buna karşılık verme arzumuzda sevdiğimiz birisine aynen karşılık vermek istediğimiz yerden olmalı, onu da tıpkı sevdiğimiz bir kişiyi tanımak istediğimiz gibi tanımalıyız.

Ve Işığın sırrı budur; Yaradan'da var olup yaratılanlar tarafından anlaşılır ve oluşturan o Zeka idrak edilir.

Bu şu demektir, yaratılan her şey, yaratılışta var olan her ifade sadece Yaradan'ın ifadesi ve amacı yaratılan varlığa çağrı maksatlıdır. Her şey yaratılana açıktır. Her şey yaratılan varlığın bilmesi içindir. Başka bir değişle dünyalar insan için yaratıldı.

Bununla Yaradan'ın neden bize ustalığının aletini gösterdiğini anlıyoruz; bizim dünyaları yaratmaya ihtiyacımız var mı? Yukarıda anlattıklarımıza göre barizdir ki, Yaradan bize Onun Kanunlarını gösterdi ki O'nunla bağ kuralım, bu "O'nun nitelikleriyle bağ kurmaktır."

Bir zanaatkar neden bize yaptığını gösterir? Bu onun algısında, içsel hissiyatında, yaklaşımında bize açılmak içindir ve kişi henüz dünyaların nasıl yaratıldığını anlamasa da Yaradan'ın Düşüncesiyle Bağı vasıtasıyla O'nun tüm yollarını bilme seviyesine yükselebiliriz, önümüze çıkan her şeyin nasıl ve neden olduğunu. Bu karşılıklı hissiyat olan düşünce ve niyet insan seviyesinde form eşitliği kanununun ifade edilmesidir. Bilmek için içsel arzu ile hazla dolma arzusu aslında var olan tek arzu olan Yaradan'ın Düşüncesini bilmek, arasında ki dengedir ve bu sistem kişinin bu arzusunun oluşması ve gerçekleştirip sükunete erebilmesi için inşa edilmiş mükemmel bir mekanizmadır.

Tekrar görüşmek üzere.

Ders 7 – O'ndan Başkası Yok 1. Bölüm

Bu derste Kabalistik bir makaleyi yakından inceleyeceğiz, hatta buna bir kaç ders önce bakmıştık ama bu derste biraz daha detaylı bakacağız. Bu makalenin adı O'ndan başkası yok. Bu makale Şamati (Duydum) adlı kitaptan geliyor. Bu makaleler Baal HaSulam'ın öğrencilerine konuşmalarının oğlu ve öğrencisi olan Rabaş tarafından kağıda alınmasıyla bir araya getirilmiş ve Rabaş bu yazıları yanında bir kitapçık/not defteri olarak bulundururmuş. Babasından kendisine kalan bu öneri ve yol gösteren öğütleri sürekli açıp okuduğu bazı kitaplarla birlikte kendisine çok yakın tutarmış.

Kabalist Michael Laitman, benim ve Bney Baruh'un hocasıdır ve Rabaş'ın öğrencisi ve kişisel asistanıydı. Rabaş'ın tüm işleriyle ilgilenir ve Rabaş'ın bire bir direkt öğrencisiydi. Rabaş'ın hayatının son anlarına kadar Dr Laitman onunla beraberdi. Hastanede onun başından ayrılmadı ve bu süreci hep onun yanında geçirdi. Rabaş ile çalışırken Rabaş kendisine diğer öğrencilere öğretmediği bir çok makale ve yazılar öğretmiş ve Kabalist Dr. Laitman bu not defterinin varlığından haberdarmış ve bu defterden ara ara öğrenirmiş. Çok değerli bir deftermiş.

Kabalanın İfşası   **M. Laitman**

Rabaş vefat ederken, bu defteri Dr. Laitman'a vermiş. Laitman'da defteri kitap olarak yayınladı ve kişinin iç çalışmasıyla ilgili çok güzel makaleler içermektedir. Kabala'da çalışmanın çoğu tekniktir – 10 Sefirot'un Çalışılması (Talmud Eser Sefirot), Hayat Ağacı ve Zohar hepsi yaratılışın teknik olarak açıklanmasını ve bölümlere göre iç çalışmanın bazı noktaları mevcuttur. Ancak bu not defteri özellikle öğrencinin içsel halini tanımlayabilmesi ve bu içsel halden anlatılan teknik materyalle ilişkilendirilmesi kişinin manevi çalışmasını bütünleştirir. Realitenin en yüksek seviyelerindeki düşünceleri içerir.

Bu spesifik makalenin adı, O'ndan Başkası Yok, Kabala metodolojisinin tümünü içinde barındırmaktadır. Bu makalede olup da kişinin manevi çalışmasında dikkate alması ve hesaba katmaması veya atlayabileceği hiç bir husus yoktur. Rabaş, Dr. Laitman'a bu makaleyi yüzlerce kere okursan iyi olur demiş. Bugün eğer vaktimiz yeterse bir kere okuyacağız. Okurken, tek yaptığımız şey Üst Işığı çekmek ve yazarın hisleri ve düşüncesiyle bağ kurmaya çalışmak.

O'ndan Başkası Yok

Şöyle yazar "O'ndan başkası yok," bu evrende O'na karşı bir şey yapabilecek başka hiç bir gücün olmadığı demektir. Ancak insan dünyadaki her şeyi O'nun yönettiği gerçeğini inkâr eden şeyler görür, bu O öyle istediği içindir.

Başka bir deyişle, işleyen sadece bir güç vardır, realiteyi yöneten sadece O'dur. O'ndan başka bir otorite yoktur, yaratılışta olan her şey sadece O'nun vasıtasıyla olur ancak biz dünyada sanki çelişen ve karşı bir güç varmış gibi görürüz, bu özellikle bize böyle gelir ve bu görüşümüz aslında iyiliğimiz içindir. Bunun oturtulması anlaşılması ve realiteyi algılamaya dahil edilmesi gerekir.

Ve bir ıslah kabul edilir, "sol iter ve sağ yakınlaştırır," yani solun ittiği şey ıslah olarak kabul edilir. Bu şu demektir, baştan kişiyi doğru yoldan çıkaracak şeyler vardır ve kişiyi Yaradan'dan uzaklaştırır.

Yaradan'ın gizliliği fiziksel bir gizlilik değil. Belki O'nun orada olmadığını hissediyoruz, belki de "O'na inanıyorum" – ancak bunun kanıtı Yaradan'ı önümüzde görmediğimiz için burada ya da belki değil gibi düşünceler içinde oluyoruz ve bu bilinen bir koşul. Elbette fiziksel bir kanıt ve realiteden bahsetmiyoruz. Yaradan'ın gizliliği sadece fiziksel duyularımızdan değil ama aynı zamanda içsel hislerimizden de gizli, bağımız olduğu hissi yok ve o zaman kişi tereddütte kalıyor ve iticilik söz konusu oluyor işte gizlilik yani hissedemememiz/ algılayamamamız bu. Bir taraftan da böyle olamayacağı ve belki bir güç olmalı hissindeyiz. Hislerimizdeki tereddüt ve kuşku bu gizli olma (algılanamama) ve her hangi bir şeyin arkasında Yaradan'ın her hangi bir taktiri olabileceği hissini saklamaktadır. Yaradan'ın gizliliği aslında O'nun bizleri yetiştirme ve kendisine getirme metodudur.

Bu demektir ki baştan dünyada kişiyi doğru yoldan çıkartmak ve Yaradan'dan uzaklaştırmak için şeyler vardır. Yaradan'ın tasarımı, gizliliği ve Yaradan'ı algılamaya yönelik arzunun gelişiminin planı bu şekildedir. Ve uzaklaştırılmaların nedeni kişinin Yaradan'ın yardımı için tam bir arzuya gelmesi içindir zira görür ki aksi taktirde tümüyle kaybolmuştur.

Bu durum aslında Kabala'da dua olarak tanımlanır. Bir Kabaliste göre dua ağızdan çıkan laf değildir. Kelimelerin tekrarlanması veya bir dua kitabından okunması değildir. Kişinin içinde tam bir ihtiyaç hissidir. Kişinin içinde oluşan ve başka hiç bir cevabın tatmin edemeyeceği bir arzudur. Yaradan'ın gizliliği ve sağ ve sol dan kasten yaptıkları özellikle Yaradan'a yakınlaşmak için bir arzu yaratır. Bu durum kuşkuların ve doğamızda var olan bu şüphelerin üzerine çıkabilmemiz içindir. Bu işin amacıda zaten budur. Arzunun bu şekilde gelişimine aynı zamanda "ıslah" denir. Peki, olanlar nedir? Bu amaç kişi için ne sağlamaktadır?

Manevi çalışmada sadece ilerlemediğini değil ama gerilediğini görür ve Yaradan'ın rızası için olmasa dahi çalışmada ilerleyecek gücü kendisinde bulamaz.

Biliyoruz ki amaç Yaradan gibi olmak, Yaradan'a niyetimizde içsel bir benzerlik (form eşitliği) sağlamak ki bu durum kendimize hiç bir menfaat beklemeden sadece ihsan etmek olsun, bu saf mutlak özgecil hale "Lişma" (O'nun adına) denir. Bu duruma kişi yakınlaşamamakta henüz ve kişinin ihtiyacını geliştiren his bu çalışmayı Yaradan'ın rızası için değil ama kendisi için bile yapmadığını görmesidir. Kişinin itilişi ve tereddüdü bu gelişim sürecinde o kadar büyümüştür ki bu bir sağ elin bir sol elin arka arkaya kişi üzerindeki etkisidir.

Bu kişiye olduğu zaman kişide bir hata olduğu için değildir, gelişim mekanizması/sistemi/süreci bu şekilde inşa edilmiştir. Sadece tüm engelleri mantık ötesi aşarak manevi çalışmasında devam edebilir. Kişi için inşa edilen durum budur – yani kişi bir şüpheyi aşıp da tatminliğe ve kendisini daha yakın hissedip haz almaz. Bu iki karışım her zaman gizlilik ve gizlilik hissi yaratır ve kişinin manevi çalışmasında ilerleyebilmesi, yani Yaradan gibi olabilmesi O'na yakınlaşıp bağ kurabilmesi bulunduğu seviyenin üzerinde olduğu için mantık ötesi denir.

Ancak kişi her zaman mantık ötesi gidecek güce sahip değildir ve Allah korusun Yaradan'ın yolundan sapmaya zorlanabilir ve hatta çalışmayı kendisi için bile yapmaktan vazgeçebilir. Ve kişi her zaman kırıklığı bütünlükten daha fazla hisseder, söyle ki düşüşler yükselişlerden çok daha fazladır ve bu düşüşlerin sonunu görememektedir ve sonsuza dek edinemeyecek gibidir ve görür ki en ufak şeyi bile mantık ötesi aşmadan yapamamaktadır, ancak her zaman aşamamaktadır. Peki, tüm bunların sonu nereye varacak?

Gizliliğin koşulu ve kişinin içinde körüklediği ihtiyaç hissi derecesi bu. Son derece uç bir ifade haline gelir. Şöyle ki kişi bunu ne kadar isterse, gerçekten çok arzularsa kişi o kadar itildiğini (uzaklaştırıldığını) hisseder. Bu davranış şekli ebeveyn ve çocuk ilişkisinde de vardır, zira çocuklar büyüdükçe onlara daha geniş sorumluluk ve hareket alanı ve özgürlük verilir ve bu durum aslında gelişim dönemlerinde kafa karışıklılığına neden olur ve aslında ebeveynin kasıtlı olarak kendisini uzaklaştırması çocuğun gelişimine yönelik sevgiyle yapılan bir davranıştır.

Peki, sonunda ne olacak? Bu iş nasıl mümkün olacak? Sonunda kişi bir sonuca gelir, kendisine Yaradan'dan başka kimsenin yardım edemeyeceğidir. Bu durumda kişi kalbinin derinliğinden samimi bir talep yükseltir ki Yaradan kişinin gözlerini ve kalbini açsın ve Yaradan'la sonsuz bütünleşmeye doğru yakınlaştırsın.

Sonunda olan şey bu. Kişinin içinde gerçek bir dua oluşur, Yaradan'ı kişi kandıramaz, bir şey söyleyip de başka bir şey arzulayamazsınız. İşte Yaradan özellikle bu tür bir duaya hemen cevap verir çünkü tüm realite ve gelişim sağlayan güç bu koşullara karşılık verir. Yani yaratılan varlığın içinde bir şey olmalı ki daha yüksek bir seviyenin etkisini fırsat versin ve bu fırsat sadece derin bir ihtiyacın sonucu olabilir.

Dolayısıyla, kişinin yaşadığı tüm itiliş ve uzaklaştırılmaların Yaradan'dan gelmektedir

Bu demektir ki kişinin itilme ve uzaklaştırılmaları kendisinin suçlu ve bunları aşacak kapasitesi olmadığından değildir, itiliş ve uzaklaştırılmalar gerçekten Yaradan'a yakınlaşmak isteyen kişilere verilir. Kişinin aza tama olmaması ve küçük bir çocuk gibi kalmaması için ve "Yaptıklarımla Allaha şükür zaten dini vecibelerimi de yapıyorum daha ne yapabilirim ki?" demesin diyedir.

Yaradan kişiyi uzaklaştırması geri itmesi özellikle verilen bir koşuldur ki kişi bir yerde saplanıp kalmasın örneğin bir his içerisinde bir nosyonda veya bir inançta yani realitede bir çocuk gibi kalmasın, "Nasıl olsa Yaradan var ve her iste bir hayır vardır bende O'ndan bir şeyler istersem belki bana yaklaşımını değiştirir ve bana iyi davranır ve bu kötü durum geçer" gibi.

Bir çocuk da ebeveynlerine yaklaşımında böyledir ve durumu bu şekilde kontrol altına almaya çalışIR, ama bir çocuk anne babasının ona olan sevgilerinin kalitesini etkilemek ve arttırmak için ne yapabilir? Fiziksel dünyamızda bile bir anne veya babanın çocuklarına olan sevgisi çocuğu tümüyle sarar. Dolayısıyla değişen bir şey yoktur o sevgide, sabittir. Bizimde çocuk gibi kalmamamız için bu yakınlaştırma ve uzaklaştırma eylemleri bizleri manen yetişkine çevirmek içindir. Ve kişinin sadece gerçek bir arzusu var ise Yukarıdan yardım görür.

Koşul bu. Sadece kişinin gerçek bir arzusu var ise elbette Yukarıdan yardım görür. Yaradan'ın kişiye yaklaşımı değiştiğinden değil, kişinin Yaradana olan ihtiyacı değiştiği için. Arzu bir alıcıdır bir kap (Kli) ve bu kabın içinde Yaradan ifşa olur. Bu bir kanundur. Gerçekleşir. Dolayısıyla duaya cevap tümüyle kişinin içindeki değişime bağlıdır.

Kişiye de sürekli içinde bulunduğu her anda hataları ifşa olur; yani kişinin çabasına karşı düşünce ve görüşler gönderilir. Bu kişiye Yaradan'la bir olmadığını göstermek içindir.

Başka bir deyişle, bu itiş, kuşku ve uzaklaştırılma hissi kişiye ait değildir. Manen yetişkin olma yolunda giden bir kişiye Yaradan'ın verdiği durumlar. Özellikle de gizlilik O'ndan gelir, burada kişinin geçmişten aldığı tecrübeyle de ne olursa olsun kuşkularına karşı giderek ilerlemelidir. Her şeyi amaca yönelik bir araya getirmelidir. Bunun nedeni kişinin şu an içinde bulunduğu koşulu görmesi ve bunu mantık ötesi aşabilmesi içindir ve böylelikle bir sonraki adımında nerede olması gerektiğine dair ilerleyebilsin ki olduğu yerde takılı kalmasın ve "Yaradanla şimdi bütünlük içindeyim her şey yolunda her şeyi biliyorum ve belli bir seviye edindim" demesin. Zira Yaradan yarattığı varlığın tümüyle Işıkla bağ kurmasını istiyor. Bu yüzden bir sonraki seviyeye ne kadar benzemediğimizi görmeliyiz ki tekrar bu ihtiyacı ilerlemek için inşa edebilelim.

Kişi aşabildiği kadar, kendisini Yaradanla birlik içinde görenlerle kendisini kıyasladığı zaman kendisinin Yaradandan çok daha uzak olduğunu görür. Ve kişinin her zaman şikayet ve talepleri vardır ve bir türlü Yaradan'ın kendisine yaklaşımını ve davranışını haklı görememektedir. Kişi Yaradan'la bir olmadığı için de hüzünlüdür ta ki Yaradan ile hiç bir bağ olmadığını hissedene kadar.

Kişi durumunun değiştiğini görür. Etrafındaki kişilerin tatmin olduğu şeylere kendisinin tama olamadığını görür. Kişi tam bir hazırlık noktasına gelir yani tam çaresizlik ve tam kuşku. Olan şeylerden biri budur ve bu kişi için bir hazırlıktır. Bu çaresizlik kişinin manevi amacına yöneliktir, önemi olmayan dünyevi koşul ve haline yönelik değil. Yaradanla bütünleşmek olan niyetine göre kişi görür ki bu tümüyle kapasitesinin ötesinde. Yani yaratılışı ve doğası, yaptıkları ve aklının işleyişi tümüyle almaya odaklı ve bu durumda asla amacına ulaşamaz.

Bazen kişi Yukarıdan uyandırılsa da ki bu da kişiyi anlık olarak canlandırır, sonra kişi yine kara bir deliğe düşer. Ancak bu durum kişinin kendisine sadece Yaradanın yardımcı olup yakınlaştırabileceğini fark ettirir.

Kişinin aydınlanması bile işi tamamlamasına yetmez. Öyle bir noktaya gelmeli ki Yaradana mutlak bir ihtiyaç olması lazım, sadece Işık için bir gereksinim. Kişi çalışması sonucu kendi çabasıyla bir şeyleri başarabilir nosyonundan tümüyle kopma noktasına gelmelidir. Kişinin yaptığı her hangi bir şey yeterli olmaz sadece arzuyu büyütmesi her şeyi değiştirebilir.

Kişi her zaman Yaradana tutunmaya çalışmalıdır yani tüm düşünceleri Onunla ilgili olmalıdır. Yani en kötü hal de olsa bile, içinde bulunduğu düşüşten daha büyük bir düşüş olmasa bile kişi Onun alanından çıkmamalı ve kendisinin Yaradana tutunmasında başka her hangi bir gücün olduğunu ve kendisine iyi ya da zarar getirebilecek başka hiç bir şeyin olabileceğini düşünmemeli.

Kuşkunun maddesi de budur – olanların başka bir nedeni varmış gibi düşünmesi – ben ya da dünyada olanlar ya da çevremdeki faktörler beni engelliyor gibi düşünceler yani sanki Yaradandan başka bir şey varmış gibi düşünce de olmak.

Kişi Öteki Taraf denilen Sitra Ahra (kötü taraf – kabuklar)'nın kendisine Yaradanın yolunda ilerlemekte engel olduğuna inanmamalı, her şeyin sadece Yaradandan geldiğine inanmalıdır. Baal Şem Tov şöyle dedi "her kim dünyada başka bir gücün (kabuklar – sitra ahra) olduğunu söylerse o kişi diğer tanrılara hizmet ediyor demektir," esas günah bunu düşünmek değil böyle bir şeyin var olduğunu düşünmek günahtır.

Şöyle ki kişinin amacı bırakması, kendisini yoldan çıkaran başka bir şey olduğuna inanması, karar verirken sadece bir güç olmadığı her şeyin Yaradan olmadığı düşüncesi günah olan şeydir. Dahası, her kim insanın kendi otoritesi var diyorsa, yani dün ben kendim Yaradanın yolunda gitmek istemiyordum derse bu da dalalet içinde olmaktır. Yani sadece Yaradanın dünyayı yönettiğine inanmamaktadır.

Sahip olduğumuz tüm düşünceler, tüm hislerimiz ve bunlara göre yaptığımız tüm seçimler Yaradanla form eşitliğine gelene kadar, maneviyatı hissedene kadar bunların hepsi içimize yerleştiriliyor. Bunların hepsi Yaradanın yaptığı şeyler. İnsanın bunda hiç bir otoritesi yoktur. Sadece arzusunda, kabını büyütmede ve ışığa olan ihtiyaçta bu gerçek dua da insanın eylemi var ve yükselmesi için bir gereklilik.

Bir sonraki derste bu makaleye devam edeceğiz. Tekrar görüşmek üzere.

Ders 8 – Ondan Başkası Yok 2. Bölüm

Bu derste Kabalist Baal HaSulamın "Ondan Başkası Yok" adlı makalesiyle devam edeceğiz. Bu makale kabala ilminin tüm metodolojisi ve erdemliğini içinde barındırır. Tüm kabalistik yazılar kişinin manevi gelişiminin safhalarını anlattığı için 10. paragraftan ya da her hangi bir bölümden çalışmaya başlamamız önemli değildir zira yazılar her zaman alma arzumuzun bir ucundan diğer ucuna götürür bizi ve bütün bir sistemi/realiteyi Yaradan'ın gizliliği koşulu içindeyken açıkladıkları için aslında nereden okumaya başladığımız önemli değildir. O yüzden yazıları nerede okumaya başladığımız önemli değil, önemli olan sadece yazıların içine girmek. İçine girmek demek yazarın düşüncesini hissetmeye çalışmak, onun seviyesine çıkmaya çalışmak ve maneviyatı arzulamak demektir ve bu durumda kişi içinde bulunduğu durumu hissedebilir ve yazıyı okuduğu yerde yazılanlar kişiye konuşmaya başlar.

10. paragraftan başlıyoruz.

Kişi her zaman Yaradana tutunmaya çalışmalıdır, yani tüm düşünceleri O'nunla ilgili olmalıdır. Şu demektir, bulunabilecek en kötü halde olup en büyük düşüşü yaşıyor olsa bile O'nun alanından çıkmamalıdır, bu demektir ki kişi başka bir gücün kendisini manevi edinimden alı koyup iyi ya da kötülük yapabileceğine inanmamalıdır.

Kişinin tutunması gereken şey budur: olan her eylem, olan tüm olumlu ve de sanki Yaradanı gizleyen koşulların var oluşu, kişiyi tereddütle doldurup da manevi yolunun kapalı olduğu hissiyatındayken kişi anlamalıdır ki düşünceleri Yaradana tutunmalıdır zira sadece Yaradan kişiye bu eylemleri yapabilir.

Yaratılışta sadece tek aktör vardır. Ne tür bir şüphe kulağınıza fısıldasada bu aktör her zaman Yaradandır. Alma arzumuz bize ne derse desin – sanki etki yapan başka bir faktör varmış gibi, kişinin içinde veya çevrede bir şey var ve gelip problem yaratıyormuş veya Yaradana karşı bir gücün var olduğu gibi gelsede kişi hep Yaradana tutunup Onun alanında kalmalı ve Yaradanla bütünleşme nedenini unutmamalı ve alma arzusunun fısıltılarına kanmamalıdır. Kişiye şüphe özellikle Yaradandan gönderilir.

Şöyleki, kişi asla öteki taraf (sitra ahra / kötü taraf)'nın bir gücü olup da kişinin Yaradan'ın yolunda gitmesine ve iyilik yapmasına engel olabileceğine inanmamalıdır; her şeyin sadece Yaradan tarafından yapıldığını düşünmelidir.

Ba'al Şem Tov şöyle dedi, her kim dünyada bir başka güç olduğunu söylerse, yani kabuklar/sitra ahra, o zaman o kişi "diğer tanrılara hizmet ediyor" denir, kişinin dalalet içinde olması esas bir günah değildir, günah kişinin Yaradandan başka bir güç olduğunu düşünmesidir.

Kabala'da günahın tanımı budur. Yaradan'dan başka her hangi bir gücün olduğu düşüncesi yani Yaradandan başka bir gücün var olupda dünyada eylem yaptığına ikna olmasıdır, zira kişi hayatta olan tüm olayları ve içinde yaşadığı hisleri her zaman Yaradanla ilişkilendirmeye çalışmalıdır, olan her şey her olay sadece Yaradanın eylemidir ve yaratılan sadece olan olaylara reaksiyon/karşılık vermektedir ve buna kişinin niyeti denir, yani olayı nasıl değerlendirdiği. Niyet kişiyi amaca ya yakınlaştırır ya da uzaklaştırır. Amaçtan uzaklık mesafesi, her şeyi Yaradan'la ilişkilendirmesi kişinin yolda Ona tutunuşunun ölçüsüdür ve uzaklığı ise günah olarak nitelendirilir.

Dahası, her kim benim kendi fikrim, kararlarım ve yaptıklarım var der ise, örneğin dün benim canım Yaradanın yolundan gitmek istemiyordu bile derse, bu kişi dalalet içinde bulunup günah işlemektedir. Yani kişi sadece Yaradanın dünyayı yönettiğine inanmamaktadır.

Kişi kendi yaptığı eylemlerin, düşünce ve seçimlerinin bile kendisine ait olduğunu ve kendi içinden böyle geliştiğini bile düşünse o zaman kişi kendisini sanki Yaradanın karşısında bir otoriteymiş gibi görüyor demektir ki bu böyle değildir. Yaradana gelme arzusu bile içimize Yaradan tarafından koyuldu. Nasıl Onun sol eli bize tereddüt ve şüphe getiriyorsa sağ elide bizi sanki biz Ona yakınlaşmayı seçiyormuşuz hissi verir. Eylemin kendisi veya Yaradan tarafından itildiğimiz veya yakınlaştırıldığımız hissi ilerleyişimiz açısından bir faktör değil. Tüm olay olan her şeye yaklaşımımız ki bu yaklaşım aslında özgür olduğumuz nokta, bağımsızlığımız ve Yaradana olan benzerliğimiz ifşa olup gelişir, ama eylemlerde değil. Ve dışımızda ve içimizde olarak algıladığımız her şey aslında yanlış algılayışımızın bize görünümü. Olanların tümü sadece Yaradanın yaptıkları ve bizler sadece hemfikiriz. Bizler de bunun genel olarak böyle olmasını isteyerek, mutlu olup mutluluğuda bu bilgelikle Yaradana geri yansıtabiliriz.

Ancak kişi bir günah işlediğinde, elbette pişmanlık duymalı ve işlediği için de üzülmeli, ancak burada da acı ve hüznü doğru bir sıralamaya koymamız lazım: günahın nedenini nereye koyuyor, yani üzülmesi gereken nokta bu.

Kişi o zaman üzülüp şöyle demeli: "Bu günahı ben işledim çünkü Yaradan beni yüce bir histen düşürüp pisliğin içine attı, lağımın içine, pisliğin olduğu bir yere." Bu şu demektir yani Yaradan kişiye kendisini pisliğin içinde eğlendirmek ve pisliğin havasını solumak için bir arzu verdi.

Eğer kişi bu seçimi kendisinin yaptığı hissinde olursa, yani kendisinin kötü bir şey yapıp böyle bir seçim yaptığını düşünürse ve Yaradana doğru ilerlememeyi kendisinin seçtiğini, alma arzusunu tatmin etmeyi istediğini ve bunun yerine Yaradanın yolunda ilerleyip ihsan etme arzusunu geliştirmesinin gerekiyor olduğunu ve bu konuda başarısız olduğunu sanırsa, bu durumda da kişi sanki kendi otoritesi varmış gibi düşünmektedir. Bu kişinin suçu değildir.

Suçlayacak kimse yok. Eylemde hiç bir sorumluluk yoktur. Sorumluluk niyettedir, burada da bahsettiğimiz şey kişinin içselliğinde olan bir his yani dışarıda gidip de insanların yasalara aykırı şeyler yapmalarından bahsetmiyoruz. İhsan etme niyetini tutmanın yanı sıra kişinin içselliğinde yaşadığı hislerden aldığı tecrübeyle attığı adımlardan bahsediyoruz. Her iki yöne de gitme arzusu her halükarda Yaradan tarafından veriliyor. Kabahat bu durumda kişide değildir.

Ve bazen kitaplarda yazdığı gibi şöyle de diyebilirsiniz, adam bazen bir domuz olarak yeniden bedenlenir, yani daha önceden kötü ve pislik olarak tayin edip de bir kenara attığı arzularının içine geri dönüp haz alıp onların içinde kendisini canlandırmak ister.

Şunu tekrar hatırlatmakta fayda var tüm Kabalist kitaplar dalların dilinde yazılmıştır. Tekrar bedenlenmek yani reenkarnasyon geçirmek belli bir arzuyu belli bir hazla ilişkilendirip kullanmak demektir yani bu yazıda bir şeyin olmasında ki neden. Dolayısıyla eğer kişi bir domuz olarak yeniden bedenlenirse insan seviyesinden alçak bir seviyede olduğu anlamındadır. Kişisel tatminliğin en alt seviyesinin arzusudur, aynı zamanda kişi amacının da hayvansal arzularının üzerinde olduğunu da bilmektedir; yani insan seviyesine ait bir arzu. Kişinin insan seviyesi ruhunu geliştirdiği seviyedir ya da maneviyat. Ancak kendisini önceden amacının dışında olarak tayin ettiği arzuların içinde haz almaya çalışırken bulur. Hala bunu yapan insan değil: "Yaradan beni pisliğin olduğu bir yere attı."

Koşulların ne olduğuna dair endişe etmeye gerek yok. Yapmamız gereken tek şey Yaradanla ilişkilendirmek. Yükselme noktamız bu ilişkilendirmede, yani manen ilerleyiş bu koşulda, dışsal eylemde değil.

Aynı zamanda kişi yükselişte olduğunu hissedince ve manevi çalışmada tat alınca dememeli ki: "Şimdi Yaradana inanmanın değerli olduğunu anlıyorum ve bu çalışma buna değer." Ve Yaradanın alanından ayrılmamaya dikkat etmeli ve Yaradandan başka bir güç beni etki yapıyor dememelidir.

Uyandırılışlar düşüşler kadar büyük bir problemdir çünkü tatminlik hissi vardır. İlerledikçe içimizde ifşa olabilecek problem, tatmin olduğumuz bir seviyede kalıp orada kalma tehlikesidir, kişi bu durumda Yaradanla bağını kaybedebilir. Şimdi belli bir edinimim var aklımı bilgiyle doldurdum diyebilir, çünkü kişi kabala çalışmaya başladığı zaman çok daha akıllı olur. Çünkü sistemin işleyişini görmeye başlarsınız. Sistemin tüm aklını hem fikir olduğunuz için kendinize entegre etmiş olursunuz. Ancak bu kişiye başkaları üzerinde her hangi bir avantaj sağlamaz. Manevi çalışmada özel bir yetenek ve beceri ile ilerleyemezsiniz. Özel bir yeteneğe gerek yoktur. En basit kişi doğru yaklaşımla en üst seviyeleri edinebilir. Kişinin uyandırılmasıyla bir şey anladığını sanması "başka tanrılara tapmak" olarak bilinir, yani Yaradandan başka bir gücün var olduğuna inanmaktır.

Kişinin her uyandırılışı kişinin bir şey yaptığı için değildir; Yaradan yaptığı içindir, Yaradan'ın sağ eli kişiyi çekmiştir.

Ancak kişinin Yaradanın gözünde olumlu ya da olumsuz görünmesi kişinin kendisine bağlı değildir, ancak her şey Yaradana bağlıdır. Ve kişi dünyevi aklıyla Yaradan şimdi beni sevip yakınlaştırdı ve sonrada sevmeyip uzaklaştırmasının nedenini anlayamaz.

Aslında bu da ana problem çünkü iyi ve kötü ve olanların nedeni algılarımızda alma arzumuza göre programlı ve buda aklımızdan ibaret, eylem arkasındaki gerçeği bizden gizlemekte, şöyle ki, düşünce ve Yaradan Sevgisi ve eylemin kişiye hem sol hem de sağ el ile verilmesi kişiyi hem uzaklaştır hem yakınlaştırır ve gizli olan bu sistemi kullanarak bunu yapar. Bizden gizli olan şey Yaradanın iyiliği ve bu iyilikle olan bağımız. Yaradanla olan bağımız sadece iyiliğini algılayabildiğimiz kadar. Buna "ifşa" denir. İfşa sadece Yaradanın niteliğini ifşa etmek ki bu da karşılıksız sevgi niteliğidir.

Kişi de aynı zamanda Yaradan yakınlaştırmadığı ve Yaradana uzak olduğu zamanlar kendisi için üzülmemelidir, çünkü bu durumda kişi kendisi için alıcı olur ve her kim kendi için alırsa Yaradandan ayrı olur.

Eğer kişi düşer ve uzaklığı hissedip de derse ki "Bunu başaramayacağım; bu benim için iyi değil; bunu dilediğim gibi gitmiyor," bu durumda ihsan etmeye gitmeye ters bir durum. Bu kişiyi Yaradandan ayırır. Zaten Yaradandan ayrılmamızın ana koşulu bu eylemdi. Alma arzumuz bizi Yaradana zıt bir duruma koyuyor ve Yaradana yönelik problemim olduğu düşüncesiyle kişi asla bağ kurmayı da edinemez.

Pişman olması gereken durum Yaradanın mevcudiyetinin hissedilememesi olmalı, yani aslında Yaradan'ın bu durumdan mutsuz olduğu için pişmanlık hissetmesi.

Kişi bedeninin bir organının ağrımasından örnek almalı. Istırabın geneli kalpte ve akılda hissedilir çünkü adamın geneli bunlar. Elbette kişinin tek bir organı kişinin tüm yapısının genelinin ıstırabı hissedişiyle kıyaslanamaz.

Benzer olarak kişinin acısı da Yaradandan ayrı olunca bu şekildedir, zira kişide Yaradanın bir parçasıdır ve aslında Yaradana yönelen kişilerin toplamı Yaradanın ifşa olduğu yerdir. Dolayısıyla, bir parçanın hissedilişi tüm genel ıstırabın acısına benzemez. Yani Yaradan kendisinden ayrı olan ve ihsan edemediği parçalar için üzgündür.

Ve şu sözlerin anlamı şöyle olabilir: "Adam pişmanlık duyduğunda, Yaradan der ki: "benim aklımda değilsin." Kişi hüznünü Yaradandan uzak oluşunu kendi hüznü olarak ilişkilendirmezse o zaman kendisini kişisel sevginin tuzağı içine düşürmekten alı koyar ki kişisel sevgi Yaradandan uzak olmaktır.

Kolektif tek bir ruh vardır ve bu ruha yaratılan ilk varlık denir. Adam HaRişon (İlk İnsan), yaratılan orijinal ruh, tek varlık ve ayrı olmanın acısı yaratılışın içinden hissedilir (ki yaratılan bu tek ruh genel ruh olarak bilinir.) Bu acı yaratılışın her seviyesinde hissedilir. Sadece insanlar acı çekmiyor. Kolektifin tümü Yaradanın varlığından mahrum olduğu için her seviyede genele yönelik düşüncesizliğimiz hissedilmekte, zira tüm işleyişimizde tıpkı bir bedendeki organ gibi davranmalı ve tüm bedenin ve sistemin iyiliğini düşünmeliyiz. Eğer hüznümüzü ve bütünlük hissinden uzaklığımızı tüm genel sistem/bedenin hüznü olarak düşünürsek o zaman sadece kendimizi düşünmemiş oluruz ve böylelikle kişisel sevgi içine düşme hatasından kendimizi alı koymuş oluruz.

Aynı koşul kişinin kendisini Yaradana yakın hissettiği zaman da geçerlidir, Yaradanın gözünde iyi olduğu zaman mutludur, yani kişi kendisine mutluluğunun nedeni genel bedene/sisteme mutluluk verdiği için demelidir, şöyle ki kişi bu durumda parçaları Yaradana yakınlaştırmıştır.

Bu madalyonun öteki tarafı.

Ve kişi Yaradanın genel içinde mutluluk olarak hissedilebilmesine katkı sunduğu için mutludur. Dolayısıyla kişinin mutluluğu kendisi için değil. Elbette mutluluğu ve tatminliği, yakınlığı hissedecek ama kişisel tatminliği uğruna değil. Ulaşmaya çalıştığımız seviye bu olmalı. Lişma (O'nun için) denilen koşul budur. Yani kişinin manevi çalışmasında Yaradanın rızası için ve "kendim için değil" koşulu bizim amacımız olmalı ve bu çalışma da bizi bunu yapmaya getirecek ve sevap denilen şey de esas bu koşuldur. İnsanın mutluluğu tüm hayatı ve insanoğlunu bütün olarak doldurmaya ve tüm yaratılışın manen bağ kurmasına yönelik her kesin bütünlüğü için yapılan bir eylemdir. Amaç budur. Bu yüzden kişinin yaklaşımı aynı Yaradanın yaklaşımı gibi olur ve bu daha da arttıkça ve yükseldikçe daha çok bağ ve bütünlük haline gelir.

Alma arzusu insanın yapısı olduğu için gerekli olan bir faktördür zira kişinin içinde var olan şeylerin dışındaki her şey Yaradanla ilişkilidir. Biz alma arzusuyuz. Bundan kaçış yok: iş alma arzumuzu nasıl kullanacağımızla ilgili. Şöyle "bu kişinin tümüdür." Ve alma arzusuna ait olmayan yani yaratılan varlığa ait olmayan her şey de Yaradandır. Tüm eylemler, dışımızda hissettiğimiz her şey, Yaradanın realiteyi idare edişidir ve amacı hepimizi mutlak mutluluk olan Yaratılışın Düşüncesine getirmektir.

Ancak yinede, alma arzusu ihsan etme formuna çevrilip ıslah olmalıdır. Şöyle ki alma arzusunun aldığı haz ve mutluluk aşağıdan yukarıya mutluluk getirme niyetiyle olmalıdır çünkü. Zaten yaratılışın amacıda buydu, Onun yaratılanlarına mutluluk getirmek. Bu da Yaradanın varlığından alınan mutluluk olarak bilinir. Yaradana mutluluk vermek bu anlamdadır; genele mutluluk vermekte aynı tanımı içerir.

Bu nedenden dolayı kişi yukarıya nasıl mutluluk verebilir bunu araştırmalıdır. Bu yüzden her zaman Kralın sarayında olmayı ve hazineleri arasında olmayı arzulamalıdır.

Kralın hazineleri nelerdir? İhsan etme seviyelerinin daha üst seviyeleri; yani daha çok Yaradana tüm evreni hareket ettirene benzemek. Elbette bu koşul yukarıya memnunluk getirir. Öyle ki kişinin tüm özlemi Yaradan için olmalıdır.

Ve makalemiz burada sona eriyor.

Tüm manevi çalışma bu ve bu çalışmada da kişinin nasıl hayatta olan her şeye yaklaşımını nasıl doğru bir şekilde geliştireceğine ve daha geniş bir realiteyi nasıl algılayacağına dair tavsiyeler bulunmaktadır.

Şamati (Duydum) adlı kitap muazzam derin makalelerle ve güçle doludur ve kişi bu makaleleri defalarca okuyabilir ve her defasında tümüyle farklı bir derinlik edinir. Bu kitaptan ilerdeki derslerde yine makale çalışacağız.

Bizlere katıldığınız için teşekkürler tekrar görüşmek üzere.

Ders 9 – Özgür Seçim 1. Bölüm

Bu derste "Özgür Seçim" konusuna değinen iki dersin birincisini işleyeceğiz. Bunun ne olduğuna ve neyde özgür olduğumuza bir bakacağız.

Özgür seçim son derece önemli bir konudur ve yeni öğrencilere maneviyatın temel prensipleri üzerine canlı dersler verirken genelde öğrencilere onlara özgür seçimle ile ilgili bir kaç sorudan ibaret bir anket veriyoruz ve ders sonrası algıları değişmiş mi ölçebiliyorlar.

Sorulan sorulardan bir tanesi de "özgür seçimim hayatta nelerde?" Genelde de öğrencilerin çoğu aslında hemen hemen hepsi "istediğim her şeyi seçmekte özgürüm" diyorlar çünkü içinde bulundukları algı seviyesi bu şekilde; yani her türlü şeyi seçebileceklerine inanıyorlar. Bu doğru çünkü bu seviyede Yaradan bizden tümüyle gizli. Başka bir değişle içinde bulunduğumuz koşulları yöneten kanunları algılamıyoruz. Ancak özgür irade, özgür seçim nerede bilmek çok önemli çünkü hayatımızın büyük bir bölümünü hatta tümünü bize göre özgürce inşa edebileceğimiz bir şeye çaba sarf ederek geçiriyoruz ve sanıyoruz ki bu özümüzün özgür ifadesi ve istediğimiz şeyi veya kendimizi bu şekilde inşa etmeyi biz seçtik. Belki de bazı insanlar için bu maneviyatta bile böyle olabilir; başkaları için ise farklı bir şey. Ancak kişi özünde olan bir şeyi "ben" inin ne olduğunu bilmeden nasıl ifade edebilir ki? "Ben"in arayışı aslında kişinin özgür olduğu noktayı aramasıdır. Ben olmayan bir şey tarafından sınırlanmamak "ben" dışındaki güçler tarafından zorlanmamak ve hayatımı kendi arzuladığım şeylerin yolunda yönlendirmek ve arzuladığım sonuca ulaşmak.

Önceki derslerde yaratılışın tüm yapısında bulunan iç ve dış güçlerden etkilendiğimizi öğrendik ve bu iç ve dış parametreler sürekli üzerimizde etki yapar. İçimizde bizi etkileyen o iç parametre kişinin haz peşinde gitmesi ve ıstıraptan kendisini uzak tutması programıyla çok dar bir şekilde çalışır ama esas programımız da budur. Ancak bu doğamızı içeren alma arzumuzu gerçekten küçümsüyoruz. Olan bitene karşılık verişimiz açısından o kadar güçlü ki aslında her koşul karşısında bu programla çalışan bir robot gibi davranıyoruz. Seçim yaptığımızı sansak bile bu parametrelerin dışında yapamayız ve hep ya haz almaya doğru ya da acıdan kaçmaya yönelik davranırız. Ek olarak yaptığımız her şey egoist bir neden için yapılır, nasıl göründüğü dışarıdan hiç fark etmez.

Egoizmimizin hayatımızın her noktasında bizi ne kadar kontrol ettiği barizdir; sadece insanların arasındaki ilişkilere bakmamız yeterlidir. Dışarıdan her şey çok hoş gözükür, ama gerçekte olan şey şudur her türlü verme eyleminin arkasında kişinin kendisini tatmin etmeye yönelik bir hesabı vardır.

Örneğin büyük maddi bağışlar, kişisel yardımlar, fakir ve hastalara yardım etmek için yapılan eylemler bile kişinin bu eylemlerden alacağı mutlulukla ilgilidir ve kişi alma arzusu ile yaşadığı sürece bu her zaman hesapta vardır. Ya diğer insanlardan alacağı saygı, itibar şeklinde olacaktır ya da diğerlerinden daha üstün olduğu hissinden alacağı hazdır, yaptıklarını hiç kimse bilmese bile bu hisler kişinin içinde olur. Her zaman alma arzumuzu hazla doldurma yolunda bir hesap yapılmaktadır. Her şeyi bu program yönetir ve bunun dahilinde bir koşuldan diğerine içsel haz ölçümüze göre hareket ederiz.

Dış parametre ise çevremizdir. Çevremiz gelişimimizin tüm safhalarını içinde barındırır, ta ki bu ana kadar, yaşadığımız her şey ona dahildir, şimdi kendimizi içinde bulduğumuz koşul dahil. Şimdi de içinde bulunduğumuz koşula göre geçirdiğimiz safhaların üzerinden bir geçelim.

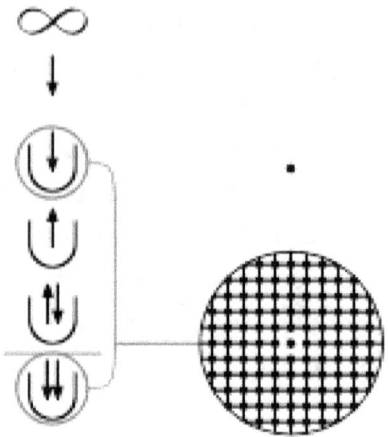

İlk orijinal halimizde yaratılan bir varlık olarak yaratıldığımızda, Direkt Işık safhalarında Yaradan'a yönelik sadece bir ruh vardı ve aralarındaki bağ sınırsızdı. Bu kolektif ruh olarak bilinir ya da Adam HaRişon dediğimiz ilk insan. Aslında içinde yaşadığımız koşul da budur, sadece içinde bulunduğumuz gerçeği algılama niteliğimizi kaybettik.

Gelişim safhaları vasıtasıyla bu hal giderek alçaltıldı ve gelişim ihsan etme niteliğine yönelik değil ama alma arzusunun gelişimi olarak bilinir ve sonuç itibariyle bağımsız arzusu olan bir varlık haline gelir.

Tecrübelerimizde bu gelişim şöyle yansır. [Birinci safhaya bakınız] bu safha 600,000 bağımsız parçadan oluşan bir kafes gibidir, her biri bir ruh ve hepsi bir biriyle ilişkili. Her birinin diğerine olan ilişkisi ve aralarında ki etkisi muazzam bir güçtür. Aslında her biri birbiriyle ilişkilidir tıpkı ilk yaratıldıkları haldeki gibi, ancak her bir parça bu bağ bilincini kaybetmiş durumdadır. Bu parçalarda yapılan her hangi bir şey – yani bireysel bir arzu – diğer parçalarla arasında bulunan bu bağda hissedilir. Şöyle ki, her bir parçanın içsel parametresinin etkisi tüm sistem içerisinde hissedilen muazzam bir etki oluşturur. Dolayısıyla sistemde bireysel olarak işleyen hiç bir şey yoktur. Biz bireysel olduğumuzu hissettiğimizden bireysel varmış gibi algılıyoruz çünkü hislerimiz gerçekte içinde bulunduğumuz koşulu algılamamakta.

Aramızdaki bağı hissedeceğimize, hissettiğimiz şey aslında şöyle bir şey – kişi diğerlerinden bağımsız olarak var olduğu hissinde; başkalarını kendisi için kullanan birisi ve aslında kendimizi bu şekilde hissediyoruz – hiç bir şeye bağlı değilmiş gibi. İşin gerçeği bu kolektif ruh bizim çevremiz ve toplum olarak üzerimize büyük bir baskı yapmaktadır; yani çevremizdeki herşey bizi etkilemektedir. Hissettiğimiz şeylerin çoğu buradan gelir.

Gördüğünüz gibi her yönden etkileniyoruz – hem içerden hem dışarıdan – ancak özgürlük bu materyal dünyada bile edinilebilir bir şey, bu hayat dönemimizde – yani dinlerin dediği gibi ölümden sonra gidilecek bir yerde değil. Ancak bu çok özel bir çaba gerektirir ve amaç doğamızın üzerine çıkmaktır, bu konu çalışmaya devam ettikçe netleşecek.

Doğal dünyada nasıl oluyor bir bakalım. Hayvanlar kölelik koşulundan ne kadar nefret edildiğini bize örnekliyorlar; özgürlüğün kısıtlanmasından nefret ederler. Eğer bir hayvanı alıp kafese koyarsanız, özellikle vahşi bir hayvanı, genellikle zayıflar ve zamanla ölür. Evcil hayvanlarımızla bile ortak bir anlayış içerisinde yaşıyoruz. Özgürlüklerinin sınırlanmasına karşın onlara yiyecek, barınak, ilgi ve bakım vererek onların da alma arzusu yanlarını tatmin ediyoruz yoksa olanların özgürlüklerinin sınırlanmasından başka bir şey olmadığını görürler. Doğa bu şekilde yaratılmıştır. Özgürlük büyük bir güçtür ve her şey bu yöne doğru yönetilmektedir.

Hayvanlar doğanın kanunları dahilinde yaşadıkları için hiç hata yapmazlar. Örneğin, bir kedi masaya ya da duvarın üzerine sıçradığı zaman, yavaş çekimlerde daha net görebilirsiniz bunu, sanki bir noktada kaldırıldığı hissi vardır ve tam olarak da atlaması gereken yerin üzerine atlar. Hayvanlar hata yapmazlar çünkü bilgiyle ilerlemezler; hayvanlar kişisel olarak her hangi bir durumu değerlendirmiyorlar.

Yeni doğan bir hayvan hangi yiyeceğin kendisi için iyi olduğunu bilir; nerede bulacağını da bilir. Bunların hepsi içgüdüseldir bilgisel değil, her şey hayvan için hazır bir haldedir. Bir hayvan hata yapıyor gibi gözükse bile, örneğin bir diğer hayvanı avlayıp yiyerek, hangi hayvan için hata ki? Yiyen için mi yoksa yenilen için mi?

Biz hata olarak görüyoruz çünkü ne de olsa kısmi olarak hayvansal hayatımızın içindeyiz, hayvansal seviyeye ait bir parçamız var, sistemin tümünü dışarıdan göremiyoruz ve sanıyoruz ki biri kazanıyor ve diğeri kaybediyor. Ancak hayvanlar tam anlamıyla doğanın içinde, doğanın bir parçası olarak çalışmaktadırlar, tıpkı bir bedenin içindeki hücreler gibi sistemin içinde çalışmaktadır – ya da bedende bulunan bir organ gibi – sadece tüm bedenin var oluşu için işlemektedir, kendi mevcudiyeti için değil. Bu koşula ne zaman yaşayacağı ve ne zaman öleceği dahildir ve hayvan doğanın entegre bir parçası olduğu için buna razıdır ve bununla da hem fikirdir.

Dolayısıyla gördüğünüz gibi, her seviyede her şey önceden tayin edilmiştir. Aslında "iç güdü" dediğimiz şey bu seviyede önceden tayin edilmiştir.

Bir hayvanın koşuluna bakabilirsiniz, en azından bir biyolog bakabilir ve coğrafik olarak ve mevsimsel olarak inceleyip hayvanın yaşına göre ve çevresel koşullarına göre bir sonraki halinin ne olacağını etkileyen faktörler bilindiği için söyleyebiliriz, ancak bunu kendimiz için söyleyemeyiz. İşin açıkçası bunu görememe koşulunda "özgür seçim" tanımlamasına giriyoruz. İnsan için özgür seçim bilgi yetersizliğinden ibaret; tam anlamıyla cehalet çünkü üzerimizde etki yapan şeyleri görmüyoruz. Biz sanıyoruzki hayatımızda olan şeyler öyle hasbel kader veya öylesine başımıza geliyor ya da kader olarak nitelendiriyoruz ve her kesin kişisel karşılık vermesiyle kendi hayatını yürüttüğünü ve yolunu tayin ettiğini sanıyoruz. Bu durum bize etki yapan şeyi algılayamadığımızdan kaynaklanıyor.

Dolayısıyla bulanık ve tanımlayamadığımız bir özgür seçim hissiyatımız var. Bu yüzden de insan toplumu içerisinde bir sürü farklı metotlarla özgürlük arıyoruz. Bu gelişimin en güzel örneğinide politik sistemlerin evriminde görüyoruz.

Toplumsal yapılarda olan şey bir takım sıkıntılardan ve sınırlamalardan dolayı arzularımızı tatmin edememeye gelene kadar herşey iyidir. Sistem sanki başarısız olmaya başladığı zaman içinde bir devrim olmaktadır ve değişim gerekli olur çünkü dışarıdan bir nevi baskı hissedilmektedir. Bu şekilde bir çok sistemin sonradan dağıldığını görüyoruz. İlk çağlarda avcı ve biriktiren bir toplum hayatı vardı, sonrasında bu yetmedi ve diğer arzularımızı tatmin etmediğinden genişleyen bir organizasyon yapısı çağdan çağa devam etti ve kabilelerden demokrasiye kadar gelişim safhalarından geçtik. Sürekli yeni yapıların geliştirilmesi egoistik gelişimizin bir sonucudur. Bu süreçten geçiyor olmamıza rağmen tüm süreç önceden tayin edilmiştir ve aslında buna göre de asla özgürlüğe gelemeyiz çünkü mevcut doğamızın gelişiminden kaynaklanmaktadır ve özgürlük denilen o nokta veya yer bu yüzden yok.

Özgürlük denilen bu nosyonun aslında o kadar da geniş olmadığını söyleyebiliriz; aslında tayin eden çok ufak bir nokta, yaşadıklarımız arasında son derece küçük bir şey. Ancak çok küçük bir noktada özgürlüğümüz olmasına rağmen son derece güçlü ve gerekli olan her şeyide içinde barındırmaktadır.

"Maneviyatta baskı yoktur" diye bir kanun vardır. Maneviyata özgür seçim olmadan ulaşmak mümkün değildir. Başka bir değişle bir Kabalist öğrencisine şunu yap bunu yap diye söylemez. Manevi ilerleyişte yolun her adımı özgür seçimle olmalıdır. Şöyle ki kişi yolda kendisini özgür hissetmeli, manevi gelişimdeki her ileri adım özgürce olmak zorundadır ve hatta amaçta özgürlük olmalıdır. Sistem bu şekilde yaratıldı ve içinde de böyle ilerlemeliyiz. Yani kişi sadece arzularına göre seçmelidir. Ancak soru şu, "arzularımız nereden geliyor ve hangi arzu bana ait?"

Biz bu hayata "monte ediliyoruz". Kendinizi sizin seçmediğiniz bir ailede buluyorsunuz. Üzerinizde bu durumda bir sürü etki var. Tüm karakter ve kişiliğiniz, değerleriniz anne ve babanız, içinde bulunduğunuz toplum, okulunuz, arkadaşlarınız kısaca sizi geliştiren tüm faktörler, sizi siz yapan her şey, değer verdiğiniz şeylerden hayallerinize kadar, sizi kısıtladığını düşündüğünüz şeyler bile sizin için o ortamda tanımlanmış durumda. Genç bir kişi olarak baş kaldırabilir ve asilik yapabilirsiniz ama bu da özgür bir davranış değil sadece sizin önünüzdeki hayat koşullarının sunuluşunun sonucu, çünkü hayatınızda size etki eden şeyleri siz tayin etmiyorsunuz, sadece olaylara karar seçeneklerinizden seçim yaparak karşılık veriyorsunuz. Başka bir değişle eğer hayatınızın nasıl olacağına dair bir hayal kuracak olursanız, hayaliniz önünüzdeki mevcut seçenekler arasından vereceğiniz karara bağlı olacak. Tıpkı bir menüden yemek seçmek gibi. Hatta okuldan ve anne ve babanızın evdeki etkilerinden ayrılıp kendi hayatınızı kurmak için adım attığınızda bile göreceğiniz şey toplumsal tüm faktörlerin sizi etkilediği olacaktır.

Bize reklam olarak aktarılan şeylere değer veriyoruz. Eğer başka bir şeye değer vermek istersem, o da menüden bir şey olacak. Bu içsel programımız olan bize daha fazla haz/tat/mutluluk verebilecek arzulanan şeyi seçmektir yani tatlı ve acı arasında bir seçim programı ve bunu da toplumun bize sunduğu seçenekler arasından yapacağız.

Şimdi böyle bir programa göre sürekli seçim yapma koşulundaysam buna özgürlük diyebilir miyiz?

En özel his ve düşüncelerimiz bile ki genetik bilimi vasıtasıyla bu konu açıklanmaktadır bize ait bile değiller, hepsi önceden belirlenmiş. Kişinin uyuşturucu ya da alkol alma eğiliminden, doğasının her hangi bir suça eğilimli olması ya da yasalara uyan bir insan olması, hatta dinci olmasına kadar bile kişinin beynine etki yaratan probelarla insana bu eğilim verilebilir.

Peki bireysel olarak "ben" diyebileceğim bu özgür arzular nerede? Bu doğal bir bilim ve bize egoist doğamızda her şeyin ne kadar önceden programlı olduğunu bize gösteriyor. Kabala bize bunun ötesi olan manevi genetik yapımızı da gösteriyor ve bu sadece bir hayatta değil ama bir çok hayatımızda ve her hayatın bir çok zaman diliminin nasıl katman katman gelişimimizde sistematik olarak Reşimot olarak bilinen ruhumuzun kökünden bu dünyaya inerken geçirdiğimiz tüm izlenimlerin organize edildiği halini de ifşa etmektedir.

Peki eğer her birimiz egoist program dahilinde kendimizi hazla dolduran ya da manevi gelişimi gerçekleştiren robotlarsak, bu sistemde özgürlük nerede? Kişinin "ben" denilen özgür olabileceği bir nokta var ama her şeyde değil. Biz tümüyle bizi içten ve dıştan geliştiren güçlerin kontrolü altındayız. Kabalada nasıl yaratılıştan sahip olduğumuz iç doğamız olan alma arzumuzu ihsan etmeye çevirerek kullanmanın bir yolu varsa aynı şekilde çevremizde de özgür olabileceğimiz bir nokta var. Bizi etkileyen sistemi öğrenip adapte olmanın bir yolu var ve bu yolla kendimizi daha üst bir seviyede var olmaya yükseltebiliriz, yani Yaradan'la bağ kurma seviyesine. Bu nokta ruhumuzun kökü. Ruhumuzun kökü özgürlüğe doğru tırmanma arzusudur ve egoist doğamızın ve çevremizin nitelik ve etkilerinden etkilenmez. Ne iç ne de dış faktörler onu etkiler.

Eğer bu tek parametreye tutunabilirsek, buna değer verir ve bunu geliştirirsek ve sadece bununla gelişirsek, o zaman bu etki seviyelerinin üzerinde var olmuş oluruz. Kabalistler de bize bunu yapabilmenin metodunu veriyorlar.

Bir sonraki derste özgürlük denilen konuyu biraz daha araştırmaya devam edeceğiz ve Baal HaSulamın Özgürlük adlı makalesine değineceğiz. Bu makalede bize etki eden parametreleri öğreneceğiz. Bizi nasıl tüm hayatlarımızda etkiliyorlar ve sınırlı algılarımızdan nasıl özgür olabileceğimiz o dar alanı tayin edip manevi dünyaya girip Yaratılışın Düşüncesini edinerek Yaradanla bağ kurabiliriz göreceğiz.

Tekrar görüşmek üzere.

Ders 10 – Özgür Seçim 2. Bölüm

Özgür seçim konusunu incelemeye devam ediyoruz. Önceki dersimizde bu dünyada yaşayan bir kişinin hayatındaki tecrübelere bakarak nerede özgür seçimimizin olduğuna baktık ve gördük ki önceden tayin edilmiş bir sistemin içerisinde bulunuyoruz ve özgür seçim hissimiz hayatımızda olup biten şeylerin bizi aslında ne kadar yönlendirdiğini, bilgisizliğimizden kaynaklanan anlayışsızlığımıza bağlı olduğunu gördük. Yani bu konuda cahiliz.

İnsan işlediği bir suç için mahkemede kanunların boşluklarını değerlendirerek belki kendisini savunabilir ve daha az ceza alabilir ama doğanın kanunlarında hiç bir açık nokta yoktur. Doğanın kanunları biz gerçekte ne olduklarını bilsekte bilmesekte işler.

Durum bundan ibaret olduğundan, bu kanunların ne olduğunu öğrensek iyi olur. Nasıl işliyorlar? Olaylar nasıl yönlendiriliyor? Sistemde önceden belirlenmiş şeyler neler? Bunu bildikten sonra, seçim denilen noktayı tayin edebilir ve sistemi etkileyebilmenin bir yolu var mı görebilir ve "özgürlük" koşuluna yönlendirebiliriz, o zaman gerçek bir seçim yapabiliriz. Şimdi bu kanunlara bir bakalım.

Baal HaSulam Özgürlük adında bir makale yazmıştı. 20. yüzyılın ilk dönemlerinde. Makale realitede gördüğümüz her formun orijinini yaratılışın ilk anında aldığını açıklıyor. Bu andan itibaren, 4 bölümden oluşmak üzere gelişiyor ve bu safhalarda da gördüğümüz bu hale geldi ve zamanla da mükemmelliğe gelecek. Yaratılışta her şeyin üzerinde çalışan kanun ve güçlerin nasıl işlediğini ve özgürlüğün hangi noktada olduğu açıklıyor.

Makaleye bir bakalım.

Makaleye şu cümleyle başlıyor.

"Taşların üzerine kazınmış (Harut)."Kazınmış "harut" olarak telafuz etme ama "herut" (özgürlük) olarak telafuz et. Bu ölüm meleğinden özgür olduklarını gösterir.

Bu biraz merak uyandırıcı bir cümle. Neden şimdi "özgürlük" adındaki bir makalenin başına ölüm meleğinden kurtulmakla başlıyor? Bunun nedeni gelişim gücünü ve doğanın kanunlarını sadece fiziksel açıdan değil ama realitedeki tüm seviyelere etkileriyle birlikte incelediği için. Bu makalede bize gösterdiği alt dünyalarda işleyen prensiplerin aynı zamanda üst dünyalarda da geçerli olduğu. Bizlerde kaynağın olduğu seviyede bu güçleri anlayabilirsek o zaman hayat ve ölüm tam olarak nedir anlayabiliriz. Bu makalede Baal HaSulamın söylediği şeylerin genişliğini anlayabilmek için, üst seviyede mevcut olan formların var oluş ve doğalarıyla ilgili bir takım şeyler bilmemiz gerekir.

Kabalistler bize bu dünyada var olmuş tüm nesillerin aslında aynı nesil olduklarını söylüyorlar, yani aynı ruhlar- "ölüm ve hayat" dediğimiz bu gelişim aslında sadece ruhun kıyafetinin değişimi ki oda sadece tek kolektif ruh. Şöyle ki beden gelip gidebilir ama kıyafetlendirdiği ruhun üzerinde hiç bir etkisi yoktur. Bu şekilde binlerce yıldır gelişiyoruz.

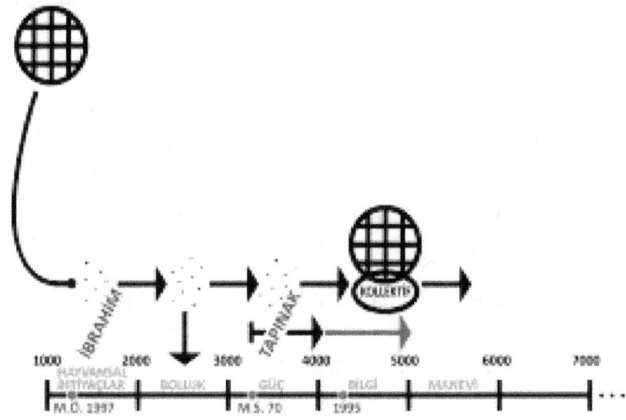

Başka bir deyişle, Adam HaRişon'un kolektif ruhu bir kolektif olarak yaratıldı, bu dünya denilen zaman ve yer konumuna düştü ve gelişimine başladı. Arzularını tatmin etmenin peşinden ve özgürlüklerini keşfetmek üzere arayışlarına başladı ve kendisini birbiriyle ilişkisi olmayan bir sürü birey olarak yaşamaya başladı. Özgürlük amacına ulaşamadığı için bir sonraki safhaya geçerek bir sonraki nesil olarak geldi ve tekrar arzularını tatmin etme yolunda özgürlüklerinin peşinden gitmeye devam ettiler; zenginlik vs gibi ve bu şekilde tarihimizi inşa ettmeye başladık ve bu gelişim tarihimizde, insanoğlu zenginlik, güç ve itibar peşinde koşmaya başlayınca Kabala ilmi 1995 yılına kadar gizlendi. Bu tarih itibariyle insanoğlu kolektif olarak ıslah dönemine girmiştir. Şöyle ki tarihte ilk kez kendimizi tüm dünya olarak bir insanoğlu şeklinde hissetmeye başladık, yani tıpkı gerçekte olduğumuz gibi.

Bu nokta itibariyle gelişimimiz esas özümüz itibariyle olmalıdır: Bilgi ötesi olan manevi gelişime doğru.

Baal HaSulam bize doğadan bir örnek alarak bunu açıklıyor. Bize bir buğday başağı örneğini veriyor ve bize de insanın "ben" inin 4 faktörden ibaret olduğunu anlatıyor:

A) Özümüz (aslımız/temelimiz)

B) Değişmeyen özümüzün niteliklerine bağlı olan sebep ve sonuç ilişkisinin etkileri.

C) Dışsal faktörlerden kaynaklanan içsel sebep ve sonuç ilişkisinin etkileri.

D) Dışarıdan faktörlerin üzerindeki etkisi.

Şu şekilde açıklıyor:

A) "Özümüz", yani o varlığa ait olan ilk madde. "Güneşin altında yeni bir şey yoktur", dünyamızda da olan veya olacak olan hiç bir şey yoktan var değildir, var olan bir şeyden var olmuştur. Daha önceki formundan soyulup bu formda "aslımız" olarak bilinen yeni bir form alır. Aslımızda gelecekte ulaşacağımız formun ifşa olması için gereken güç bulunmaktadır ve gelişimimizin sonunda da ifşa olacak. Bu yüzden ilk sebep olarak bilinir.

İlk faktör "özümüz/aslımız" aynı zamanda temel olarak bilinir. En önemli faktör budur ve yaratılışımızın temel maddesidir. Bu bize Yaradan tarafından verilmiştir, içimize işlenmiştir ve var oluşumuzu tümüyle tanımlamaktadır. Bunu Yaradan yoktan var etti; yoktan var olmak, hiçlikten birşey olmak.

Bu ilk maddemiz ve biz kendimizi var olan olarak hissetmeye başlamadan önce yaratılmıştı. Baal HaSulam burada bir tohum örneğini kullanıyor çünkü süreci sadece aklımızla analiz edip görebileceğimiz bir örnekle anlayabiliriz. Bir tohumu alıp toprağa gömerek tümüyle çürüterek "ölümüne" neden olabiliriz, tümüyle çürüyüp toz olur, hayatını ve şeklini kaybeder. Ancak çürümesinin sonunda, yeni bir hayat forumu alır. Öz aslında tümüyle bilgiden ibarettir, tohum formundan yeni bir form alır ve yeni formu bir başak filizi olur.

Gördüğümüz gibi bir şeyin özü kıyafeti tarafından kontrol edilmemektedir. Kıyafetini bırakıp yeni bir hayat formu ya da formları alabilir. Şimdi bu sistemin aynısını bizim seviyemizde işlediğini görebilirsek o zaman nelerin olduğunu görebilir ve dolayısıyla da yönlendirebilir ve hatta süreçte bir seçimimiz olup olmadığını bulabiliriz.

Bu temel, aslımız, hem yaratılışımızın kökünden ve hem de tüm atalarımızın aklından ibarettir. Bu yeni hayat formumuzda içgüdüsel eğilimler olarak hissedilir; bu şekilde başlar. Hem olumlu hem de olumsuz olarak uygulanabilirler – bir sonraki hayat formunun gelişim gereksinimine göre – zihinsel, duygusal ve fiziksel niteliklerimiz. Aslımız hiç bir şekilde bizim tarafımızdan etkilenemez. Aslımız bizden önce yaratıldı ve üzerinde hiç etkimiz yok.

Baal HaSulam ikinci faktörle devam ediyor:

A) Değişmeyen aslımıza ait niteliklerin üzerine işleyen etki ve sonuç eylemleri. Çürüyen buğday tohumundan birçok başağın büyümesi örneğini alalım. Dolayısıyla, çürüyen safha "özü" olarak bilinir. Yani buğday özününün önceki şeklinden sıyrıldı, yani buğday tanesi olan tohum şeklinden çürümüş halini alarak tümüyle şeklini kaybetti. Şimdi çürüdükten sonra başka bir formla kıyafetlenmeye layık olur, yani birçok buğday başağı bu tohum denilen özden, temelden büyür.

Ve her kes bilir ki bu tohumdan ne tahıl ne de yulaf olacaktır, geçmiş şekliyle ancak kıyaslanabilir, yani tümüyle eski şeklini kaybetmiş bir sap buğday başağıyla. Kısmi olarak kalite ve miktar olarak değişime uğrasa bile, geçmişte bir saptı şimdi on ya da yirmi sap var ve tat ve görüntü olarak da farklılıklar olabilir ancak buğdayın özündeki şekil değişmez. Dolayısıyla burada buğdayın değişmeyen özüne ilişkin bir sebep sonuç etkisi bulunmaktadır, ne tahıl ne de yulaf halini alamaz yukarıda dediğimiz gibi. Bu ikinci faktör olarak bilinir. Bunu nasıl anlayabiliriz?

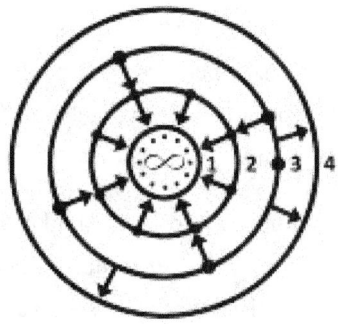

Burada birinci faktör var, temel/öz, yaratılışın özü ya da formu. Özünde, özü oluşturan nitelikler var bu nitelikler yeni var oluş formlarına dahil edilecekler. Bu birinci faktör, temel; bu bir.

Şimdi bunun etrafında "ikinci faktör" diye adlandırdığı bir şey var ya da özün sahip olduğu nitelikleri üzerine etki yapan sebep ve sonuç eylemleri. Bu şu demektir, sadece özün nitelikleriyle ilişkili bir program bulunmaktadır. Tıpkı bir bilgisayar programı gibi ve sadece direkt bu niteliklere yönelik işliyor. Bu program bir gelişim programı ve aslında önceden tayin edilmiş formun bir görünümü. Buda etkilenilemez olan bir şey. Aslın nitelikleri üzerinde işleyen sabit bir sistem tasarısı olarak özün niteliklerinin gelişimini kesin ve kusursuz olarak bu sistem geliştiriyor. Bu ikinci faktör. Tıpkı birinci faktörde olduğu gibi ikinci faktörü de hiç bir şekilde etkileyemiyoruz. Bunlar Yaradan tarafından tayin edilen şeyler. Bu iki seviyenin bütün ve toplam olarak yaratılışı ve idaresi mevcuttur. Bu "öz" bu programın etkisiyle tam gelişimine getirilecektir zaman ve yer ve gelişimi için gerekli her şeyle birlikte son mükemmelliğine kadar.

Bir sonraki iki faktör, üçüncü ve dördüncü olanlar daha önceki faktörlere göre dışsaldır, yani ruhun dışında. Bu faktörler bize rızamızın dışında gelişim hissi vererek baskı yaparlar. Baal HaSulam şöyle devam ediyor.

Üçüncü faktör: İç etken ve etki.

C. İç etken ve etkinin vasıtasıyla özümüze yapılan uygulama çevreden gelen dış etkiler vasıtasıyla değişir. Şöyle ki yerde çürüyen bir buğday sapından, birçok sap yetişmektedir bazıları daha büyük ve ekilmeden önceki halinden daha iyi.

Dolayısıyla, burada buğdayın özüyle etki yapan ek faktörler var olmuş olmalı. Bu nedenden dolayı buğdayın önceki formuyla yenileri arasında miktar ve kalitede farklılığı açıkça görmekteyiz. Bu etkiler topraktaki mineral ve maddeler, güneş ve yağmurdur. Bu faktörler üzerinde etki yaparak güçlerini buğday tohumuna aktarırlar ve buğdayın özünde sebep sonuç ile hepsi bir güç olarak daha fazla miktar ve kalitenin doğmasına neden olur.

Üçüncü faktörün özün içselliğiyle birleştiğini anlamalıyız çünkü özdeki gizli güç onları kontrol etmektedir.

Bu demektir ki etkisi içsel programa ve kalitesine dokunduğu için hissedilebilmekte. Şöyle ki aynı su ve güneş etkisini bir kayaya yönelik yapsanız bitkinin yerine hiç bir şey üretemezsiniz. Etki ve sonuç ilişkisi içsel nitelikle alakalı olmalıdır. Ruhla ilişkili ve ona direkt etki yapabilecek son derece uç spesifik etkiler vardır.

Sonuç itibariyle tüm bu değişim sadece o buğday tanesi üzerine etki yapmaktadır başka hiç bir bitkiye değil. Bu yüzden içsel faktörler olarak değerlendiriyoruz. Ancak, değişmeyen ikinci faktörden her açıdan farklıdırlar, üçüncü faktör ama hem miktar hem kalite olarak değişkendir.

Üçüncü faktör, dışsal koşullar, gelişimi kısmi olarak etkileyebilir. Özü etkilemezler. Sadece gelişim programının kalitesel boyutunu çevresel faktörler olarak etkilemekte yani iyi şekilde mi yoksa kötü şekilde mi gelişeceğini etkilemekte.

Dolayısıyla bir deney yapabilir iki tohum ekebiliriz; bir tanesini yeterince su ve güneş olmayan bir yere eker diğerini ise ideal koşulların olduğu bir yere, yeterli su ve güneş ve verimli toprağa. Göreceğimiz şey aynı bitkinin büyüdüğü olur hala buğday ama buğdayın kalitesi ya iyi ya da kötü olur. Üçüncü faktör budur.

Dış güçler ya da yabancı etkenler programın özüyle birleşir böylelikle dıştan etkenler vasıtasıyla içsel sebep sonuç ilişkisi değişir. Bu örneğe göre hava, güneş, su ve mineraller ve vesaire. Bu etkenler de programa yöneliktir. Dolayısıyla tohumun özündeki programın ne kadar iyi çalışacağını tayin eder. Bu 3.

Bu ruhun dışındadır. Yabancı bir güç olarak hissedilir ancak bu program üzerinde hangi güçlerin işleyeceğini biz belirleyemeyiz. Bazı dış etkenler programı geliştirir bazıları etki yapmaz. Başka bir deyişle bu üçüncü faktör üzerinde direkt bir kontrolümüz yoktur.

Dördüncü Faktör:

Dışarıdan etki yapan ancak direkt olarak tohumun özündeki gelişim programına etki etmeyen dış faktörler. Örneğin yakında bulunan bitkiler veya rüzgâr ya da dolu gibi olaylar.

Görüyoruz ki dört faktörde buğdayın gelişiminde ona eşlik etmekte. Tohumu etkileyen her koşul bu 4 faktör vasıtasıyla olur. Her safhanın kalitesi bu faktörler tarafından tayin edilir. Buğday örneğinde de gördüğünüz gibi dünyadaki her oluşumda da öyledir, hatta düşüncelerin ve fikirlerin oluşumunda bile.

Özgürlük denilen safhaya gelmekte tüm zincirin halkaları yaratılışın düşüncesi denilen safhaya bir hayat evresinde ulaşmaktır bu sona aynı zamanda "son ıslah" denir. Bu olana kadar da kendimizi gelişimize devam ederken buluruz ve fiziksel hayat dediğimiz bu dünyaya dönerek devam ederiz.

Bunların hepsi bizim için önceden tayin edilmiştir. Sistemde değiştirebileceğimiz sadece bir tek şey vardır: Gelişimimizin hızı ki böylelikle tek bir hayat döneminde bunu tamamlayabilelim.

Etkileyebileceğimiz tek faktör bu 4. faktördür. Şöyle ki tüm sistem önceden tayin edilmiş bir gelişim programı olarak, dış faktörlerin etkisiyle, sadece içine koyulacağı çevrenin etkisiyle nasıl gelişeceği tayin edilebilir. Dolayısıyla kişinin çok zayıf 1. ve 2. faktör nitelikleri olabilir ancak bu nitelikleri ve gelişim sistemini ve özünü doğru çevrenin etkisi altına koyarsa o zaman gelişimi hem kaliteli olur hem de çok hızlı olur.

Bu bizim özgür olduğumuz tek noktadır. Çok ufak bir nokta ama etkisi muazzamdır.

Peki, insan seviyesinde bu 4 faktör vasıtasıyla gelişecek olan nedir? Sadece niyet, düşünme şekli. Peki, kontrolümüz olamayan şeylerden ötürü nasıl sorumlu olabiliriz ki? Düşünce ve eylemlerimiz bizim kontrolümüz altında değil, sadece bir çevre seçimi kontrolümüze bırakılmış.

Bu ne zaman önemli bir hale gelir? Kişinin kalpteki noktası ilk uyandığı zaman. O zaman bu kişiyi Yaradan elinden tutar ve onu doğru bir çevreye getirir ki kişinin ruhu bu 4 faktör vasıtasıyla gelişimine başlasın ve mükemmelliğe ulaşsın. Bu "çevre" insan seviyesinden ibaret olmalıdır. Yani düşünce ve niyetten ibaret olmalıdır. Dolayısıyla doğru bir çevre kişinin seçmesi gereken tek şeydir, doğru düşünceleri seçmek, realitenin doğru haritasını ve amaca gelişi. Bu da doğru kitaplar anlamına gelir.

Kişinin doğru bir grup dosta ihtiyacı vardır: Gelişimlerini doğru düşüncelerle bir hayat döneminde tamamlama arzusunda ortak olduğu dostlara, bir rehbere; doğru öğretiyi onlara aktarabilecek bir eğitmen yolu onlara tamamlatabilir.

Kalpteki nokta uyandığı zaman, Yaradan kişiyi bu faktörlerin olduğu çevreye getirir ve kişinin ruhunu bir hayat döneminde geliştirebilmesi için uygun koşullar o çevrede bulunur.

Kitaplar ve doğru çevre konusuna bir sonraki derste daha derin değineceğiz. Tekrar görüşmek üzere.

Ders 11 – Kabala ve Din Arasındaki Fark

Kabala üst güç, manevi dünyalar, Yaradan ile kişinin arasındaki ilişkiden bahsettiğinden insanlar kabalayı dinle karıştırırlar. Kabala bir din değildir, din olarak düşünülmesinin nedeni dincilerinde bir yaratıcıya inanma durumları olduğundandır. Dincilerin Yaradanlarına dua etmek, bir takım şeyleri yerine getirmek gibi şeylerle Yaradanla ilişkileri olduğu görüşleri vardır ve gelenek ve görenekleri vasıtasıyla da yaptıklarının Yaradan tarafından talep edildiği inancı ve toplumdan gelen de güvence ile Yaradana olan yakınlık ve ilişkilerini din denilen bir takım eylemlerle inşa etmişlerdir.

Eğer yaptıkları her şey var ise – o zaman ilişkileri, Yaradanın var olması, onları yakınlaştıracak eylemler – o zaman daha başka ne olabilir ki? Aslında ondan daha fazlası da yok. Ayrılım noktası bunun nasıl yapıldığındadır.

Kabala din değildir; bir metotdur hatta aslında bir bilimdir. Yaradanla direkt olarak bağ kurmanın bir yoludur. Bazen dini inançlarda bulunan yaklaşımları benzer olabilir ama anlayış ve yön tümüyle alakasızdır.

Yaklaşım farkı kişinin aynı elementlere içselliklemi yoksa dışsallıklamı yaklaştığındadır. Kabalanın süreci kişinin içselliğine yöneliktir. İkisi arasındaki fark son derece büyüktür hatta iki uç noktadır diyebiliriz. Kabala öğretisinin yaklaşımını dinci bir kişinin alıp yapması tümüyle farklı sonuçlar verir – Kabalistik yaklaşımda kişinin edindiği şey hayatın gerçek mutluluğu, realitenin tümüyle idrak edilmesi ve Yaradanın düşüncesinin edinilmesidir. Yaradanla gerçek bir bağ işte budur.

Aradaki farkı biraz daha inceleyelim ve bu elementlerle Yaradanla böyle direkt bir bağ edinmek nasıl olabilir bir bakalım.

Dr Mihail Laitman'ın yazdığı Kabala ve Din arasındaki fark adlı makaleyi okuyacağız. Bu makalede tam farkları görebiliriz. Farklar küçük gözükebilir ama içyüzünü anlamak tüm bakışınızı değiştirir. Şöyle diyor:

Dinler şöyle varsaymakta, kişinin davranışlarına göre Yaradan o kişiye olan yaklaşımı değiştirmekte. Kabala ilminde ise Yaradan'ın değişmediğidir ve kişilerin yaptıkları Yaradanın kişiye yaklaşımını asla etkilememektedir. İşin gerçeği kişinin yaptıkları kişinin kendisini değiştirmesini sağlar. Zira kişi kendisini doğru değiştirirse o zaman Yaradanın ilahi yönetimini doğru algılayabilir, bu algı ancak kişinin ne kadar çok Ona benzeyebildiği kadar ölçülür. O zaman kişi Yaradan'ı her zaman iyi ve iyilik yapan olarak görebilir. Eğer kişi (kendisi için alma) ile Yaradan (sadece ihsan etme) nitelikleri arasındaki fark artarsa o zaman Yaradanın tavrı kişi tarafından negatif olarak hissedilir.

Nerede yaşadığımıza bakacak olursak, etrafımıza, o zaman tümüyle çevreye bağlı olduğumuzu görürüz. Çevre kişiyi istediği şekilde etkiler.

Dışarıda anlamaya çalıştığımız muazzam güçler var. Bunları bilim vasıtasıyla öğrenmeye çalışıyoruz ve kontrol etmeye çalışıyoruz, elimizden gelen her şeyi yapıp kontrol etmeye çalışıyoruz çünkü bu güçler çok büyük. Bu güçleri kontrol edemediğimizi de görünce başka bir yaklaşım uygulayıp onlarla anlaşmaya veya pazarlık yapmaya çalışıyoruz. Onlardan bir şeyler talep ediyoruz. Bazı kurbanlar adıyoruz. Direkt olarak kontrol edemediğimiz bu güçlere yönelik etki yapmak için kendimizce eylemler yapıyoruz.

Tüm bu talep ve pazarlıklar aslında "dua" dedikleri şeye geliyor çünkü her şeye olan yaklaşımımız anlayabildiğimiz kadar ve sanıyoruz ki doğada bize aynı şekilde karşılık veriyor. Yani eğer birisine iyilik yaparsak o kişide büyük ihtimalle bize iyilik yapar. Kendi doğamızdan böyle görüyoruz. Bu aslında egoizmimizin bir niteliği ve bu yüzden doğanın kanunlarına bakıyoruz ve anlamıyoruz ve doğanında böyle egoistçe davrandığını varsayıyoruz – eğer ben iyilik yaparsam oda bana iyilik yapar. Bunun nedeni egoist olmamızdır ve gördüğümüz herşey de bize böyle gözükür. Bu yüzden sürekli hayatımızı düzeltmeye çalışırken buluyoruz kendimizi, başkalarına iyilik yapmak, sadaka vermek, hayvanlara yardım etmek veya toplum için fedakârlıklarda bulunmak gibi. Burada kişinin ümidi yaptıklarına karşılık iyi bir şeylerin kendisine geleceğidir.

Kabalistik yazılarda birçok Yaradan'ın yaratılanlara yaklaşımında hiç bir değişiklik olmadığı yazar: "Ben adımı değiştirmem", "O tüm kullarına iyi ya da kötü farketmeksizin ihsan eder". "Onun ışığı değişmez".

Eminimki bu tür yazılara dua ya da dini kitaplarda rastlamışsınızdır ve biraz da gizemli sözler – peki bu cümleler neden bahsediyor?

Bahsettiği şey Yaradanın niteliğinin ihsan etme niteliği olduğudur ve değişmeyen bir niteliktir, değişmesinide talep edebileceğimiz bir nitelikte değildir ve sürekli aynı şekilde çalışır ve hep aynı eylemleri yapar. Bu durum "Işığı hareket etmez" olarak adlandırılır.

"Hareket etmez" ne anlama gelir? Niteliği hiç değişmez demektir. Her zaman yaratıyor ve yaratılanlara iyilikle davranıyor. Sürekli sevgiyle sabit bir yaklaşım içerisindedir.

Egoist ve alçak seviye olan doğalarından çıkan kabalistler, manevi dünyalara girmişlerdir ve bize ışığın sabit doğası olan niteliği ve fonksiyonunu ve bizim doğamıza tümüyle ters bir işleyişi olduğunu anlatmaktadırlar.

Görüyoruz ki üst güç değişmez ayrıca değişmeye de ihtiyacı yoktur zira sabit bir şekilde mükemmellikle ihsan etmektedir, bazen ihsan edip bazen etmemezlik edemez çünkü o zaman ihsan etmek olmaz. Dolayısıyla ya üst bir güç ya da üstün bir güç değil, tüm dinlerde Yaradanın iyi olduklarını söylerler ama ancak biz öyle olduğunu hissetmiyorsak o zaman problem bizde demektir Yaradan da değil.

Bu yüzden dua kişinin kendisini yargılaması ya da analiz etmesi denir. Yani kişi Yaradandan bir talepte bulunmaz, kendisini Üst güce yönelik yargılar ve analiz eder ve kişi kendisini değiştirdikçe Yaradana yönelik ıslah etmiş olur.

Kişinin kendisine ve Yaradana olan bu yaklaşımı din ile manevi ilim olan kabala arasındaki farktır. Dinde insanlarda bazı kişisel değişimleri talep etmesine rağmen uygulama Yaradandan karşılık almak için yapılan bir rüşvet uygulamasından ibarettir. Dinler bu yüzden en eskiden beri var olan inançlara benzer, sürekli yapılan şeylerle inandıkları o yüce güce istediklerini almak için rüşvet eylemine girerler.

Peki, eğer rüşvet yediremiyorsak ne için dua ediyoruz ki? Ne için O'na sesleniyoruz? Ona yönelik tek talebimiz bizi değiştirmesi ki O'nu anlayabilelim. Algılama duyularımızı değiştirmemiz lazım gidipte Yaradan'dan bize olan yaklaşımını değiştirmesini talep etmek değil.

Bunları bilebilmemiz Kabalistlerin bizlere getirdiklerinden, bizim kendi doğamızdan oluşturduklarımız değil. Bunlar bize yaratılış doğalarından çıkabilmiş ve bize bu nosyonları kabalistik kitaplarda sunmuşlardır hatta Tora da bir kabalistik kitaptır hatta birçok otantik manevi yazı ve kitaplar kabalistiktir hatta bu kitaplarda bazen bunlar Yaradan'ın sözleridir diye yazılar geçer ve bunun nedeni de insan doğasının üzerinde bir seviye edinildiği içindir. Manevi çalışma kişinin içsel gelişiminde bu yüzden bizden tümüyle farklı hatta zıt bir ilerleyiş yaklaşımı almamız gerektiğini aktarır. Bu yüzden hatta şöyle yazar Toranın kuralı ile ev sahibinin kuralı birbirine zıttır. "Tora" üst ışık olarak tanımlanır ve ev sahibi de hala egoist doğasında içinde bulunanlara denir. Genelde ev sahibi tanımı aynı zamanda yazılarda dincileri belirtmek için kullanılır.

Makalede şöyle söylüyor:

Yaradan'ın kişinin duasına göre yaklaşımını değiştireceği inancı sadece insanlar arasında değil ama farklı dinler arasında da kıskançlığa ve nefrete neden olur zira kişi Yaradanın kendisine daha fazla sevgiyle yaklaştığını sanar ya da "seçilmiş kutsal bir varlık" olduğunu düşünür. Bu tür şeyler insanlar ve dinler arasında düşmanlık yaratır ve hatta farklı mezhepler arasında bile Yaradanın kimin duasını kabul etmeye meyilli olup olmayacağı görüşleri bile aralarında tartışma konusu olur.

Kabala ve din arasındaki farka bir de şu şekilde bakalım.

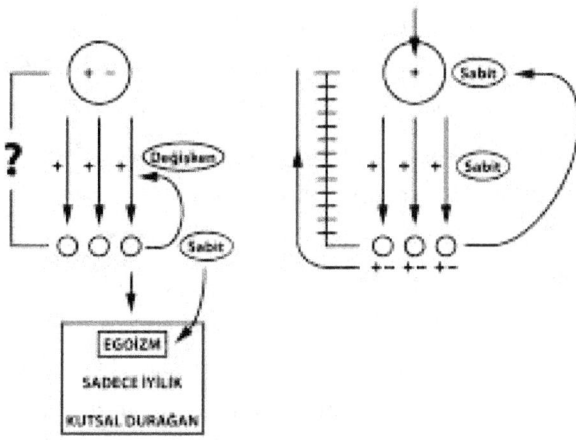

Görüyoruz ki bu dünyada bir takım dinlere ait insanlar Üst Bir Gücün varlığına inanıyorlar – Yaradan. Bu Üst Güçten insanların başına gelen olaylar koşullar var. Üst Güç yaratılışta her şeyden sorumlu. Bu olaylar insanlar tarafından ya iyi ya da kötü olarak hissediliyor.

Kişi bu olaylardan her hangi birini olumsuz olarak hissettiğinde o zaman dincilerin açıklama ve yaklaşımlarına göre hareket eder. İlahi yönetimi etkileyebileceğini sandığı eylemler yapar ki yaşadıkları olumsuzluklar olumlu hale dönüşsün. Örneğin sadaka verir, ya da kişisel hayatındaki bazı şeylerden ödün verir ama amaç burada iyi bir sonuç alıp durumunu düzeltmesidir.

Aynı zamanda bu tür insanlar "dualarda" ederler. Çünkü Tanrılarının merhamet ifadesini kendilerine burada olanlardan kaynaklanan bir yaklaşım olarak görürler. Başka bir deyişle bu tür insanlar için Yaradan diye inandıkları istikrarsız – bazen bana iyi ve bazen bana kötü şeyler yapıyor. Kişinin yaptığı bir takım fiziksel eylemlerinde kendisine kötü şeyler olması yerine iyi şeyler olması için yaratmak istediği bir etki var. Dolayısıyla bu tür bir insanın Yaradan algısı ve Yaradanın tavrının değişken ve istikrarsız olduğudur; değişken – ya Yaradan iyi davranıyor bana ya da kötü. Burada aslında kişi Yaradan'ın gerçek doğasıyla ilgili yeni hiç bir şey keşfetmemektedir çünkü tüm sistem tayin edilmiş bir düzen ve prensip ile kişi için burada işliyor; sadece iyi şeyler yaşama isteği. Ancak "iyi" tanımı burada egoizmin işleyiş prensibiyle çalışıyor.

Yani, "kişi iyi olan halini değiştirmek istemez. Yaradandan gelebilecek kötü hiç bir şey hissetmek istemez ve dolayısıyla da koşulunun bu şekilde kalmasını ister, Yaradanın etrafıma yaklaşımının değişmesine kendisi rahat edeceği şekilde olma kaydıyla da razıdır ki bu tanıma göre kişi rahat etsin": sadece kendisi için de değil. Şöyle ki kişi dışarıya doğru egoistçe davranmıyor da olabilir, ailelerini düşünüyorlardır, halklarını, belki çevreyi... Ama istedikleri şey kötü olarak algıladıkları Yaradanın tavrını onlara göre değiştirmesidir.

Kabalistik yaklaşımda da elementler aynı:

Bir Yaradanımız var; dünyada yaşayan insanlar var ve insanları etkileyen olaylar var. Bu olayların bazılar kabalist tarafından olumlu ya da olumsuz olarak hissedilir. Ancak bir kabalist şöyle bir prensiple olaya başlar "Yaradan sadece iyi davranır ve Yaradanın kişiye olan yaklaşımı, tavrı asla değişmez; Yaradan her zaman iyilikle davranır, dolayısıyla kişinin hayatında olan tüm olaylarda iyidir – Yaradanın yaptıklarında ve tavrında hiç bir değişiklik olmaz bu yüzdende kişinin hayatında olan her şeyde iyi. Peki, kişinin Yaradana talepte bulunabileceği yer neresi, dinci bir kişinin iyi bir sonuç talep edip Yaradandan iyi bir karşılık bekleyebileceği gibi?

Dolayısıyla dinci ile kabalist arasındaki yaklaşım tümüyle farklıdır. Burada (çizime bakarak) Yaradan ve kullandığı tüm güçler/etkiler sabit ve değişmez; burada ise (çizime işaret ederek) kişinin tavrı değişmez bu yüzden de kişi değişim sağlayamaz ve gelişemez.

Yaradan ve ona ait tüm etki yapan güçlerin sabit ve değişmiyor olmaları şu anlama geliyor; değişim olabilecek tek yer kişinin kendisinde. Ancak bu yaklaşımda olan bir kişi Yaradanın gönderdiği her olayın arkasındaki iyiliği hissedebilir. Kabalistin yükselttiği dua da değişmeyen bu yaklaşımı ve arkasındaki düşünceyi anlamaya çalışmaya yöneliktir. Dolayısıyla kişinin sürekli talebi herşeyin nasıl iyi olduğunu anlamasına yöneliktir ve sonuç olarak da kişi sürekli anlayışında yükselir. Bu yükseliş kişiye dışarıdan etki eden tüm olayların Yaradanın değişmeyen iyi niyetinin etkisi olarak geldiğinin bir ifadesi olarak gözükür. Sonuçta bu yaklaşım kişinin Yaradanı anlayabilmesinde büyük bir bilgelik getirir. Şöyle ki insan değişir. İnsan yükselir ve bu sürekliliği olan bir gelişim içerisindedir. Dinci yaklaşımda ise gelişim söz konusu olmaz olmadığı içinde gelişen dünyada sürekli geride kalır.

Başka bir deyişle kabalistik dilde dincilere "cansız seviye" denir çünkü kişisel değişim için hiç bir arzuları yoktur. Bu yüzden duaları algıladıkları realiteyi değiştirmez. Bu yüzden dinci bir kişinin duası aslında sadece kişiye gönül rahatlığı verir, her şey yolunda hissiyatı, yani Yaradanın yarattığı doğa ve düzen ve Onun bize gerçek yaklaşımını anlamadan. Kişinin rahatlık ferahlık hissetmesini sağlar, "ilerde düzelir, ya da öldükten sonra cennete her şey iyi olur, başka bir yerde başka bir hayatta iyi olacak, her işte bir hayır vardır vs gibi ..."

Yaratılış insan için yaratıldı ancak dünyalar insanı yükseltmek ve Yaradanın yaratılıştaki niyeti olan Onun katına yani seviyesine yükseltmek ve yaratılan varlığı kendisi gibi yapmak içindi.

Kabalistler bu metodu kullanarak bu seviyelere yükseldikleri için bu yazıları hazırlayıp bizlere yazılarını yol göstermek için bir rehber olsun diye bıraktılar ki bizde yaratılış doğamız olan egoist yapıda çalışmaya başlayarak kendimizi değiştirebilelim.

Aslında bizlere bıraktıkları yazılar bizimde aynı seviyeleri edinebilmemiz içindir.

Ancak, Yaradan ağzımızdan çıkan sözcükleri duymaz, O kalbimizdeki hisleri okur. Dolayısıyla, zamanımızı güzel sözlerle cümlelerle kişinin hiç bir içsel hissiyatını temsil etmeyen dualarla zamanını geçirmesi anlamsız bir enerji kaybıdır.

Kişiden beklenilen gelişme tüm benliğiyle Yaradana ulaşmasıdır, arzularımızın özünü anlaması ve Yaradandan doğamızı değiştirmesini istemesidir. En önemlisi Yaradanla sürekli bir bağ içinde olmaktır.

Tekrar görüşmek üzere

Ders 12 – Amacı Tanımlamak

Geçtiğimiz 11 haftada, kabaladaki önemli konuları gördük. Elbette henüz hepsini bitirmedik ama şu ana kadar yaptıklarımıza bir bakmakta fayda var ve bu vesileyle amacın ne olduğuna gerçek anlamıyla odaklanabiliriz, yani bu çalışmadan ne elde etmek istiyoruz.

Kabala çalışmaya gelen bir kişinin amacı ilk etapta amacı tayin etmektir, işimize yaramayacak şeyleri ayıklamak ve elde etmek istediğimiz amaçta bize yardımcı olacak şeyleride seçmek ve bunları nasıl kullanacağımıza bakmamız lazım.

Geçen hafta kısaca dua nosyonuna yapı olarak dokunduk, duanın neden ibaret olduğuna baktık. Şimdi, duanın hissiyat açısından ne olduğuna bir bakalım, içselliğine, kişinin yaşadıklarına.

Şimdi kabala çalışmadaki amacı bir tanımlayalım. İçsel koşulumuzda bizden neyin değiştirilmesi talep edilmektedir ki "Yaradanla form eşitliği" denilen içsel bir hali edinelim ve de manevi çalışmada "mantık üstüne çıkmak" ne demek bir görelim. Bir kaç makalede ikinci bir doğayı inşa etmek ne demek gördük, yani Yaradanın bize verdiği doğanın üstüne çıkmak. Yani tüm yaptıklarımızı kontrol eden o alt seviyedeki doğaya karşı gitmek.

Kabalanın İfşası   **M. Laitman**

Bunu Baal HaSulamın Lişma adlı makalesini inceleyerek değerlendireceğiz. Lişma "Onun rızası için demek". Lişma, Yaradanla form eşitliğine gelebilmek için edinmemiz gereken seviye demektir.

Şöyle başlıyor:

Kişinin Lişma seviyesini edinebilmesi için, Yukarıdan bir uyandırılış alması gerekmektedir, çünkü bu Yukarıdan bir yansımadır ve insan aklının anlaması için değildir. Ancak bunun tadını tatmış olanlar ne olduğunu bilir. Bununla ilgili şöyle denir, "Tat ve gör, Yaradan iyidir."

Öncelikle, edinmemiz gerek bu şey doğamızda yoktur ve doğamız "sadece kendimiz için almak olarak" tanımlanır. Şöyle ki kişi ne yapıyor olursa olsun, yaptıkları nasıl görünürse görünsün, ne kadar iyilikmiş gibi gözükse de gözlerimizde; hepsini doğamızın parametreleriyle yapıyoruz.

Lişma'nın doğası yukarıdan uyandırılmayı gerektirir, denmesi bunun bizim doğamızda olmadığındandır ve doğamızın dışında edinmemiz gereken bir şey olduğu içindir. Bunu kendi doğamızın içinden anlayamayız. Şöyle ki aklımızı bu durumda kullanmak, yani bu süreçte ilerlemek için mantığımızı kullanmak mümkün değildir. Aklımızın bize normal olarak söylediği şeyleri elbette göz ardı etmiyoruz, ancak manevi gelişimimizde yükselirken günlük hayatımızda günlük var oluşumuzu idame ettirebilmek ve alt dünyevi hayat dediğimiz hayvansal seviyenin mutluluğu amacıyla kullanılışımızdan tümüyle farklıdır.

Burada aklımızın yoluyla ilerlememiz söz konusu değil. İlerleyebilmenin tek yolu aynen bize söylediği gibidir, "Tat ve gör, Yaradan iyidir." Yani aklımızın içinde olan bir şey değil ama kişi için somut bir şey – çünkü yaşam tecrübesi haline geliyor ve içimizde yaşadığımız genel bir his oluyor.

Şöyle devam ediyor:

Bu yüzden, kişi cennet krallığının yükünü kabul edince kişi için bu tümüyle bütünlük olmalıdır, yani sadece ihsan etmek için olmalı almak için ise asla.

Çok çok önemli.

Kişi Yaradanla direkt bir ilişki kurma çalışmasına girişme kararı aldıktan sonra, kişi edinmek istediği şeyi son derece net bir şekilde tayin etmelidir. Lişma denilen bu yol bazen verip bazen de alayım demek değildir. Mutlak bir tutuş olmalı ve kişi koşulu tümüyle üstlenmeli. Bu yüzden buna olan arzuda tam olmalı. Kişi bunu yapmak istediği zaman, kendisini kandırmamalı; kişi kendisine olan şeylere verdiği reaksiyonlara dikkatlice bakmalıdır.

Şöyle devam etmekte:

Eğer kişi organlarının bu çalışmayla hemfikir olmadığını görürse, o zaman dua etmekten başka bir çaresi yoktur,

Yaradana tüm kalbini döker ki Yaradan yardım etsin ve kişinin bedeni bu çalışmaya boyun eğip kendisini Yaradanın köleliğine teslim etsin.

"Yaradan köleliğine teslim etsin" size itici gelmesin sakın. Baal HaSulam her zaman hislerimizde nasıl yaşadığımıza göre yazıyor. Yani alma arzusundan yeni bir doğaya geçişimiz olan içimizdeki niyetlerin kendimiz için almaktansa, ihsan etmek için alma koşuluna değişsin, kendim için olmasın. Kişi ilk başladığında bu işin bir kölelik olduğunu duyunca tüyleri diken diken olur sanki tümüyle eriyip silinecekmiş gibi, ancak anlamalısınız ki bizler asla normal dünyevi hayvansal hayatın arzularını kontrol edip dizginlemeye çalışmıyoruz.

Bu arzularla hiç ilgilenmemiz gerekmiyor bile. Dünyevi arzularınızı işin içine katarsanız sadece kafanız karışmaya başlar. Hayatta var olmak için gereksinim duyduğunuz şeyler, ailenizin ihtiyaçları, var olmak için gerekli olan hayatın basit mutluluklarını değiştirmenize gerek yok. Yani burada özel bir diyet programı uygulamaktan ya da fiziksel şeyler yapmaktan ya da bunları yap ve bunları yapma gibi şeylerden bahsetmiyoruz. Bizi zoraki şekilde hareket ettiren şeylerin önümüze çıkışını kontrol edemeyiz, hatta arzularımızı bile kontrol edemeyiz. Soru "Ne yapıyorum şimdi?" değil, soru "Neden bunu yapıyorum?"

Eğer koşullara güvenemiyorsak ya da kendi aklımıza, o zaman barizdir ki bize olan her şeyin nedeni Yukarıdan Işığa olan ihtiyacın farkına varmaktır. Yukarıdan gelecek bu uyanış sadece bizim bu yönde alacağımız kesin bir karar sayesinde olur. Lişma koşulu kısmi bir şey değildir bu yüzden bunu edinmeye yönelik arzuda yarım olmaz, kişi kendi içinde bu amaca yönelik bir bütünlüğe gelmelidir.

Eğer istediğimiz tek şey bu ise ve eğer kişi bunu kendisinin yapamayacağını görür ve sadece Yukarıdan bu değişimin olabileceğinin farkına varırsa o zaman Üst Güce bu değişimin gerçekleşmesi için güvenmek zorundadır. Buna Işığı çekmek denir ya da Or Makif (saran ışık) bu kişiye çabası karşılığında gelir. Ama çaba manevi çalışmada nedir?

Ve şunu demeyin "Eğer Lişma yukarıdan bir hediye ve Yaradana bağlı ise, kişinin tüm çabası, çevresi ve ıslahının ne faydası var ki?" Buna yönelik kabalistler şöyle der, "Bu işten kurtulmakta özgür değilsin." Şöyle ki kişi aşağıdan uyandırmayı sağlamalı ve duası budur." Eğer kişi dua etmeden edinemeyeceğini önceden bilmezse, gerçek bir duaya gelemez."

Kişiye sonuç olarak gelen şey bir merdiven; buna tırmanılması gerekir ve her şey Yaradanın elinde olmasına rağmen Yaradanın bir hediyeyi öylesine verebilecek bir koşulu yok. Bu yüzden buna yönelik arzu gerçek bir dua olarak bilinir.

Bu arzuya sahip olmak nasıl bir duygu? Kişi eğer kendisini gözlemlerse bir şey yaparken yapmaya çalıştığı şey niyetinin ne olduğuna bakmaktır, bir şeyden haz alırken, bir başka insanı düşünürken ve kişiye yönelik bir eylem yaparken, dürüst mü? Bakacağı şey niyetinin derinliğidir ve o zaman nerede benzemediklerini görürler. Kişi edinmek istediği bu niteliğe henüz ulaşamadığını hala devamı olduğunu hissinde olunca bunu hem bir ilham ve özlem hem de hayal kırıklığı olarak hisseder. Bu yolda ihtiyaç olmadan ilerlemek mümkün değildir.

İhtiyaçları nasıl hissediyoruz? Bir eksiklik hissederek. Kişi bu eksikliğin ne olduğunu bile bilmeyebilir ancak bir kabalist için ve yolda ilerleyen bir kişi için, ne olursa olsun neyin eksik olduğunu bilirler. Eksik olarak hissedilebilecek tek şey burada aradığım hazzın eksikliğidir, Yaradan'la direkt bağlantı.

Dua kişide bir eksiklik olarak hissedilir, bir kayıp, bir ihtiyaç ve boşluk. Ve bu hisler mantığımızdan gelen şeyler değildir – "Şimdi bunu yaparsam bunu elde ederim" gibi değildir. Ya içimizde o ihtiyaç vardır ya da yoktur ve bu aşağıdan uyandırmak olarak bilinir. Bu aynı zamanda Kap olarak bilinir yani Işığın içine girebilmesi için hazırlık.

Dolayısıyla kişinin yaptığı çalışma Lişma derecesini edinmek içindir yani ıslah olmuş bir alıcı (kap) yaratarak Lişma derecesini edinmeyi arzular. Sonra, yaptığı her şeyden sonra ancak samimiyetle dua edebilir çünkü görür ki yaptığı hiç bir şey kişiye bir kazanç getirmemiştir. Ancak bu durumda kişi kalbinin derinliğinden samimiyetiyle dua edebilir ve o zaman Yaradan kişinin duasını duyar ve kişiye Lişma derecesini verir.

Ayrıca bilmeliyiz ki, Lişmayı edinerek kişi kötü eğilimi olan kendisi için almayı öldürür, ancak kişi ihsan etme niteliğini edinerek kişi kendi iyiliğini düşünmeyi bırakır. Kişinin kötü eğilimini öldürmesi demek artık alma arzusunu (kabını) kendisi için kullanmaz ve artık almaya yönelik çalışmadıkları içinde ölü olarak bilinirler.

Öncelikle bunu hiç hissetmek istemediğimizi bilmeliyiz. Öldürüldü bu anlama geliyor. Bu süreç yavaştır çünkü bu kıyaslamalar hep hislerimizle yapılır, hiç değişmeyen o amaca yönelik, sabit bir hedef gibi. Değişen şey kişinin içindeki yani kabındaki histir. Kişinin haz alma arzusuda azalır ve değişir; gerçek dua ve ihtiyaç hissi olduğu sürece devam eden aşamalı bir değişimden geçer.

Dubna'lı Magid'in "Sen beni çağırmadın Yakup ve ne de sen endişe duydun İsrail". Bu demektir ki her kim Yaradan için çalışırsa çabaya gerek duymaz. Tam tersine kişi tatmindir ve mutludur.

Ancak her kim Yaradan için çalışmazsa, başka amaç için çalışırsa, manevi çalışmada gücü olmadığı için Yaradandan şikayetçi olamaz çünkü başka bir amaç için çalışmıştır. Kişi ancak kim için çalışıyorsa ona şikayetçi olabilir ve manevi çalışmada sadece ondan güç ve mutluluk vermesini isteyebilir.

Yapılan manevi çalışma sadece Lişma adındaki bu amaç için yapılmalıdır, mutlak ihsan etme niyetini edinmek için. Eğer bu iş başka bir amaç için yapılırsa o zaman Yaradana bir haz almak için olan duana cevap vermiyor diye şikayetçi olamazsın.

Ayrıca bir ödül veya haz talep etmek bizim bu dünyadaki alçak hayat seviyemizin talebi. Lişma denilen seviyenin ne olduğunu bir düşünelim – bir hayal edelim – yaptığım her şey sadece başkaları için olacak ve kendime yönelik bir tek düşüncem bile olmayacak. Bu bizim niyetimizde olan bir şeydir. Kişi bu arzusuna ulaşmaktan başka ne tür bir ödeme kabul edebilir ki? Çünkü o zaman tüm sınırlar ortadan kalkar, tüm ıstırap biter, sadece manevi yolda olan kişi için değil, etrafındaki her kes için. Yüzde yüz çaba, dışsal ve içsel tüm varlıkların iyiliği için verilir. Bu yüzden kişi henüz Lişma niteliğine uzak ya da boş hissediyor olsak bile manevi yolda ilerlerken ve hala amaca ulaşmadığımız için hüzünlü olsa bile ödülü bu yola getirilmesidir ve kişi bilmelidir ki bu yol bir maceradır, bir yere ulaşmak için yola çıkmıştır.

Kişi manen ilerlemenin yükünü omuzlandığı zaman yani sadece Yaradana ihsan etmek için çalışma işine girdiği zaman kendisini enerjisiz ve ya isteksiz hissettiği zaman şaşırmamalıdır. Zira kişinin hep heyecanlı ve enerji dolu olması o zaman kişiyi ilerlemeye zorlar, ancak kişi tam tersine bu işi akıl ve mantığını eğerek zorla kabullenmelidir.

Şöyle ki kişi manevi yolda olsa bile, doğal olarak olması gereken bundan başka şeylerden aldığı hazzın azalmasıdır. Kişi burada mantığına karşı gitmektedir. Manevi çalışmada buna mantığın üzerinde gitmek denir. Eğer alma arzusunun temel prensiplerini dinleyecek olursanız beden size "Neden bunu yapıyorsun ki? Ne anlamı var ki tüm hayatını boşa geçiriyorsun" diye soracaktır.

Her zaman bu şikayet ortaya çıkar. Kişi etrafında gördüğü ve duyduğu şeylerde hep manevi yolda ilerleyişine karşı şeyler olur, ancak bu kişinin kendisine manevi çalışmayı kendisini "zorlayarak" kabul ettirmeye getirmek içindir. Bize şunu demek istiyor alma arzunun ne dediğini dinleme, sana gelen bu tereddüt alma arzusundandır ve bu durumda kişi özgür seçim yapabilir. Yani ne alma arzum beni kontrol ediyor ve ne de Yaradan bana senin için bu işi basitleştireceğim ve kendini harika hissedip ödemeni alacaksın diyor. Kişi esas şimdi bu iki koşulun arasındayken özgür seçim noktasındadır. Ne kişiyi alt doğası (kendisi için alma) kontrol ediyor ne de Yaradan. Bu durumda kişi orta çizgide ilerlemektedir. Şöyle ki durum kişiye ve niyetine bağlıdır ve bu durumda kişinin Yaradana benzeme niyeti baskısız gelişir. Ve tek yol böyledir kişinin içinde bu durum özgür seçim olarak oluştuğunda manevi yolu kişi seçer ve bir ödemesi/ödülü de yoktur gerçek başarı budur. İşin püf noktasıda aslında budur. Bu yüzden maneviyat tümüyle bize gizli çünkü normal doğamız olan kendimiz için alma arzumuzun bizi kontrol ederek işleyişine tümüyle terstir.

Bu şu demek, bedenimiz bu köleliğe hem fikir olmamalıdır, zaten toksa neden Yaradan bize haz ve ödüller dağıtmıyor ki?

İşin gerçeği aslında bu büyük bir ıslahtır. Eğer bu koşul olmasaydı ve alma arzumuz bu çalışmayla hem fikir olsaydı o zaman asla Lişmaya gelemezdik ve sadece alma arzumuzun iyiliği ve arzularını tatmin etmek için çalışırdık. Şöyle bir hikayede olduğu gibi: "Hırsızın, hırsızı yakalayın diye bağırarak koşması gibidir ve kimin hırsız olduğu bilinmez.

Eğer bu dünyadaki düzene göre işlerse ve bu çalışmadan egoistik bir haz alacak olursak o zaman köle oluruz. Esas kölelik bu durumda olur. Bir makine gibi işlerdik ve asla bunun ötesine geçemez ve özgür olamazdık.

Ama hırsız, yani alma arzumuz, manevi çalışmanın yükünü tat bulamadığı için kabul etmek istemediğinden, kişi eğer bedeninin isteğine karşı gelerek çalışmaya alışırsa o zaman sadece Yaradan'a memnunluk vermek için çalışmaya başlayabilir.

Doğamıza karşı çalışmak demek, bir sonraki derecemizde bizden neyin beklendiğini hissetmek demek. Zorluk hissettiğimiz zaman, bir tereddüt ya da bir ihtirasımız olursa veya bir şeyi yapmamak gibi durumlarda kabalistler eylemin fiziksel boyutuyla ilgilenmezler. Bu tür durumlarda kişi yapacağı şeyin kendi hayatını iyileştireceği düşüncesiyle peşine düşerse ve bunun peşinde giden diğerlerin başarılı olduğunu da görürse o zaman kişiye tereddüt gelir ve şöyle ya da böyle olmalı der.

Doğamıza karşı çalışmak demek o seviyeye ait mantığı kullanmamak demektir. Farkına var. Kişinin içindeki hayvansal seviyenin söyleyebileceği tek şey: Bu işten ne bekliyorsun? Daha farklı bir şey sormaz.

Konuşan seviye, üst seviye dediğimiz ulaşmamız gereken yeni seviye hissedilen kalpteki nokta vasıtasıyla mümkündür. Bu kalpteki nokta kişinin manevi yolda ruhunu inşa edip insan seviyesine gelmesindeki başlangıç noktasıdır, manevi bir embriyo gibi. Eğer kişi bu yolda gelişimine devam edecek olursa kişinin düşüncesi, aklı ve mantığı ilerlemek için Yaradanın mantığıyla olmalı. Bu bizim alışageldiğimiz mantığın tersidir. Kişi bir sonraki şeyin ne olduğunu kendisine gelen tereddüt vasıtasıyla hemen hissedebilir. Üzerinde çalışmamız gereken unsuru bize gösteren bir radar sistemi gibidir. Bu durumda kişinin inançla ilerlemekten başka bir seçeneği yoktur. Burada inanç nosyonu alışılageldiğimiz inanç tanımı değildir; "yani birisi bana bir şey dedi ve bende ona inandım ve şimdi de inanıyorum deyip öyle bir koşulda yaşıyorum onun dediklerini yapıyorum ve her şey yoluna girecek", hayır, öyle bir durum maneviyatta yoktur dinlerde vardır. Yaradanın düşüncesini hissetmeye çalışma arzusu olmak zorundadır yani kendi alma arzumun beni yönlendirmesine izin vermiyorum ne fiziksel ne de manevi arzularım açısından. Kişi bu şekilde çalıştığı zaman aslında bir deney yapmaktadır, her halükarda bir çaba sarf edeceğim ve sonucunu göreceğim. Burada önemli olan şey her zaman çabadır.

Çaba bana ne kazandırır? Çaba kişinin arzusunu büyütür bu bir ödüldür. Arzu ya da içimde büyüyen bu eksiklik hissi kişinin edinemediği şeye yöneliktir ve sadece bu açlık aslında büyük bir ödüldür. Bu kişiyi tereddütün üzerine çıkartır. Bu durumda kişi için fiziksel bir alıcı kabı değil ama manevi bir algı yani alma arzusunun üzerinde bir algı geliştirir. İkinci bir doğa inşa edilmeye başlar. Yani zaten yaratılmış bu fiziksel seviye için değil. Bu yüzden dünyevi arzular ile pek ilgilenmiyoruz bunları Yaradan zaten yarattı. Manevi oluşumda inşa ettiğimiz şey "Adam" denilen insan seviyesi: Yani arzudan inşa edilen manevi bir varlık sonuç itibariyle yaratılan varlık sadece bir arzu ama özel bir arzu sadece Yaradanın düşüncesi için bir arzu geriye kalan diğer şeyler insan seviyesinin altında olan arzular. Bu hisler kişinin yaşadığı gerçek hislerdir. Gerçek anlamıyla edinimdir, aydınlanmadır, realitenin kişiye tümüyle farklı göründüğü manevi bir yükseliştir.

Kişinin niyeti sadece Yaradan rızası için olmalıdır, şöyle denildiği gibi; "kendini Yaradanın hissedilişinde mutlu hissedeceksin." Bu yüzden kişi manevi yolda ilerlerken tat almaz. Çünkü kendisini zorlayarak ilerler. Ancak şimdi ihsan etme yolunda ilerlerken doğasına karşı çalışmayı alışkanlık haline getirdiğinden kişi Yaradandan mutluluk almaya başlar. O zaman kişinin manevi çalışması kişiye mutluluk ve enerji verir ve o zaman haz Yaradana yönlenmiş olur.

Tekrar görüşmek ümidiyle.

Ders 13 – İfşa ve Gizlilik

Bir kaç kere algılarımızdaki yükselişin basamaklarında tırmanmaktan bahsettiğimizi duydunuz, realiteyi sınırlı algılayışımızdan algımızı 124 basamak yükselerek Yaradanla form eşitliğine gelmeyi. Bu basamakların her birini teker teker açıklayamayız ama genel olarak neye doğru yönlendiğimizi bilmekte fayda var, nereye ulaşmamız lazım ve bu edinim neyden ibaret.

Baal HaSulam, 10 Sefirot kitabına girişte çok önemli temel kavramları anlatıyor. Bahsettiği konulardan bir tanesi de kişinin manevi edinimlerinde kesinlikle geçireceği haller. Bu safhaları beşe ayırıyor ve her safhanın içinde de bir çok diğer safhalar var ve bu yüzden toplamı 125 basamak olarak bilinir.

Kişinin manevi yolda ilerlerken neleri yaşayabileceğine bir bakalım. Bunlara bakarken de kabalada çok önemli bir bölümüde gözden geçirmiş olacağız hatta bu yüzden kabalistler neden bir grup olarak çalışırlar ve grubun kişiye manevi ilerleyişinde ve ediniminde nasıl etkili olduğunu orada anlatmaktadır.

Burada bir çizimde gösterelim

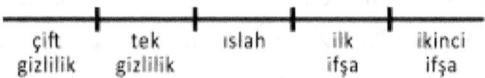

Fiziksel dünyada iki ana koşulun olduğunu görüyoruz: çift gizlilik ve bu safhayı geçtikten sonrada tek gizlilik. O safhanın sonunda da fiziksel dünya ile manevi dünya arasındaki sınır var ve manevi dünyaya girişimizdeki ilk koşul bir ıslah durumudur.

Bu koşulları size açıklayacağız. Bu durumu aştıktan sonra ilk ifşa vardır Yaradanın doğasıyla bir bağ olur ve sonunda da ikinci ifşa manevi yolun sonu ve Yaradanla form eşitliğiyle bütünleşmek.

Çift gizlilik neyden ibaret bir bakalım.

Çift gizlilik, gizlilik içinde gizliliktir. Bu durumda kişi Yaradan'ın arkasını bile hissetmez; kendisine olan biten hiç bir şeyi Yaradandan geliyormuş gibi algılamaz. Yaradanın kendisini terk ettiğini hisseder, Ona yönelik tümüyle saygısızdır, ıstırabını hasbel kader olarak değerlendirir.

Yaradanın kişiye olan yaklaşımından doğan kafa karışıklılığıyla kişi inancını kaybeder.

Burada manevi yolda olan bir kişiden bahsediyoruz. Bu hal dünyadaki kitleler için geçerli olan bir şey değildir zira onlar için Yaradan içlerinde edinilmemiş ve itiş gücü olarak hissedilmeyen soyut bir nosyondur. Çift gizlilik hali yolda olan ancak sanki bilinçsiz bir halde olup hala hayatı ve yönüyle ve kendisine olan şeylerin nedenini anlamaya yönelik bir arzu tarafından organize edilmektedir. Yani kişi bir Yaradanın var olduğu nosyonu içerisindedir ancak terk edildiği hissindedir bu durum her halükarda bir ilişki niteliğini taşır ve bir arzunun başlangıcıdır. Bu yüzden "yolun başı" olarak bilinir. Bu halde kişi "inancını kaybeder" diye anlatıyor.

Kişi talihsizliklerinden dolayı dua etmeye ve iyilik yapmaya başlar ancak bir cevap alamaz. Dua etmeyi bırakır ve birden duasına karşılık alır.

Şöyle ki Yaradanla bir ilişkiye girmeye çalışıyordur ancak ilişkisinin temel anlayışında kafası karışıktır. Yaradana doğru bir adım atar. "Dua etmeyi kestikten sonra birden duasına karşılık alır." Dolayısıyla, anladığı kadarıyla (ki henüz bir anlayışı hiç yoktur) ilk yaptığı şeyde, Yaradan orada değildir, "beni terk etti" hissi oluşur. Yapmayı durdurduğu zaman alma arzusunda kişi kendini daha rahat hisseder. Şimdi kişiye bir cevap gelir. Yani çektiği ıstırap kendisini tatmin etmeye yönelik doldurmakla olduğundan hafiflemiştir. Ve akabinde şöyle diyor:

Kişi Yaradanın ilahi yönetimine inanmaya başlayıp yaptıklarını ıslah ettikçe acımasızca geri itilir.

Yolda ilerledikçe, kişinin Yukarıdan aldığı karşılık kesin bir reddedilmedir yani inanç kaybıdır. Kişinin üzerindeki etki budur ve dediğimiz gibi bu kişi manevi yoldadır ancak içinde bulunduğu his budur ve inancını yitirdikçe kötü şeyler yapmaya başlar, şansı artar ve rahat hisseder. Dolambaçlı yollarla para kazanır.

Başka bir deyişle tereddütleriyle ilgilendikçe etrafına bakınır ve görür ki "dünyevi hayatımın iyiliği benim iyiliğimin yolunda gitmek gayet uygun, tatmin olduğum şeyler bunlar." Ve kendi gözünde Yaradana özlem duyan kişiler fakir, hasta, sevilmeyen, medeniyetsiz ve ikiyüzlü aptallardır.

Neden? Çünkü kabında, hislerinde, o kişiler normal bir yolda değillerdir. Zira kişisel tecrübesi kişiye bu işin boş olduğunu söyler; bunlar hiç gerçekçi değil ve hayal alemindedir der ve gerçek hayata dönmeliyim der kendisine.

Yaradanı aramayan kişiler zengin, sağlıklı, sakin, cömert, sevilen ve kendilerine güveni olan insanlar gibi gözükür onun için. Manevi yolda ilerlemeyen insanların iyi bir hayatı olduğunu görür; onları mutlu olarak algılar ve algıladığı realite bunu gösterir.

Bu ilk derece "çift gizlilik" olarak bilinir. Çünkü Yaradanın gizliliği birçok farklı koşulda olur; hayatında olan olaylardan tutun Yaradana olan arzusuyla ilerlerken hep reddedildiğini ve Yaradanı algılayamaması hissine kadar. Kafası karışıktır ve etrafındaki problemlerin kaynağını Yaradanla değil ama etraftaki kişilerle ilişkilendirir, ya da kendisiyle, toplumla. Ayrıca bunların neden olduğunu da anlamamaktadır. Bu yüzden kişi için Yaradan iki perde arkasındadır ve gizlidir.

Bu dönem kişinin tekrar doğduğu bir dönemdir. Yani olan her şey fiziksel seviyede olur ve manevi yolda ilerlemeye çalışmalarına rağmen tüm gelişimleri bilinçsizcedir.

Kişi bu safhalardan geçtikten sonra sonunda bir noktada farklı bir şeyler algılamaya başlar, Yaradan kişiyi bu süreç vasıtasıyla onları yakınlaştırır ve bilinçsiz gelişim ve yeniden doğmalar vasıtasıyla yeni bir şey algılamaya başlarlar ve artık maneviyata girebilmelerini sağlayacak bir metotla çalışmaya başlar ve perdeleri kaldırırlar. Baal HaSulam tek gizlilik denilen safhayı bu şekilde anlatıyor:

Yaradan gizli, yani mutlak iyi olarak davranmıyor, ıstırabı getiren olarak davranıyor.

Başka bir deyişle, kişi hayatında olan biten her şeyin yazarının Yaradan olduğundan emin ancak manevi yolunda kendisine gelen tek şeyin sürekli eksiklik hissi olduğudur, buna kişi "ıstırap "der. Yani Yaradanın egemenliği kişiye net olmasına rağmen Yaradanın niyetini anlayamamaktadır.

Kişi Yaradanın sırtını görüyor gibidir, zira Ondan sadece ıstırap geldiğini hissetmektedir. Yinede her şeyin kendisine Yaradandan bir nedenle geldiğinin farkındadır; ya yaptığı kötülükler için cezalandırıldığını ya da kendisini iyiliğe doğru getirdiğine. Dolayısıyla Yaradanın ilahi yönetimine olan inancını güçlendirir.

Kişi ıstırabın işlediği günahlar ya da yapması gerekip de yapmadığı şeyler için mi yoksa da kişiyi yolda ilerletmek için mi geldiğini bilmez. Kafa karışıklılığı işte bu noktadadır. Olan olaylarda Yaradanın yaklaşımını anlamamaktadır. Kişi fakir, hasta ve başkaları tarafından sevilmez olur. Hep endişeli ve hayatında sanki hiç bir şey doğru gitmemektedir.

Şimdi görür ki kendi hali etrafındaki insanlarınki kadar iyi değil, yani (çift gizlilikte algıladığı gibi) – sürekli bir şeylerin eksikliğini hissetmektedir, hiç bir şey yolunda gitmez ve insanların kendisine yaklaşımı da kötüdür. Bunun nedeni Yaradanla bağ kurmasındaki ana arzu karışıklık içindedir.

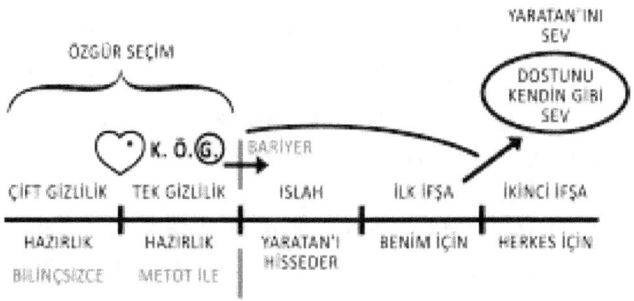

Kişi arzularının ilk 5 safhasındaki arzuları tatmin edip başka bir tatminlik bulamadığı zaman, bilinçsiz safha dediğimiz çift gizlilik buradadır. Kalpteki noktanın ifşa oluşu da bu dönemdedir ve kişinin de aynı zamanda kabalayı keşfettiği zamana denk gelir. Şöyle ki Yaradanla direkt bağ kurabilecekleri ve Onu anlayabilecekleri bir metot vardır. Bu kişiye sanki hasbel kadermiş gibi gözükebilir, belki televizyonda bir şeyler duymuştur kabala ile ilgili veya bir kitap almışlardır ya da internette dolanırken karşılarına çıkmıştır belki kulaktan bir yerden duymuştur... Nasıl olduğu önemli değil ama kişi bir şekilde ilişkiye geçince içinde bir his uyanır ve bu içsel uyanışla bu metodu öğrenmeye başlarlar.

Bu döneme hazırlık dönemi denir çünkü bu dönemde kişi bilinçli şekilde içsel değişiklikler yapar. Kişi kitapları realitenin bir haritasıymış gibi kullanarak gelişmeye başlar ve manevi edinimi olan hocasının rehberliği metodu doğru uygulamasını sağlar. Manevi edinimi olan rehber kişiye ilerleyişinde yol bulmasını sağlar ve doğru çalışmayı yapmasına yardımcı olur, yani kitapları nasıl doğru kullanacağını öğretir.

Metodun gerçek anlamıyla çalışabilmesi için ayrıca çok ama çok önemli bir araç daha gereklidir. Ama bundan daha sonra bahsedeceğiz, haritayı biraz okumaya başlayınca bu aracın ne olduğu ve neden gerekli olduğunu anlayacaksınız.

Kişi bu hazırlık dönemini tamamladığı zaman ve maneviyata geçtiğinde "ıslah" denilen bir safhaya girer. Bu safhada kişinin Yaradanla ilgili hissiyatında kafa karışıklığı ortadan kalkar ve arzularının ıslahına yönelik çalışmaya başlar. Kişinin 613 arzusunu kendisi ıslah etmek durumundadır son 7 tanesi son ıslahta Yaradan tarafından yapılırbu yüzden de 620 tane sevap vardır denir. Her ıslah Yaradanı direkt hissederek yapılır, kişi kendi yaklaşımının sonuçlarını hisseder ve de Yaradanla karşılıklı olan ilişkisindeki farkı görerek tüm arzularını teker teker ıslah eder ta ki kişi arzu ve niyetlerini Yaradanın niyetine aynı şekilde hizalayana kadar.

Burada birinci ve ikinci gizlilikteki gibi geçerli koşullar yoktur.

Burada, çift ve tek gizlilikte özgür seçim diyebileceğimiz bir tecrübe var. Ancak bu özgür seçim nosyonu kafamızın o safhada karışıklığından yokmuş gibi gelir. Esas burada bariyeri geçtikten sonra gerçek anlamıyla kabala çalışmaya başlıyoruz, yani Yaradanla direkt bir bağ ve ilişki safhasındayken.

Kişi bariyeri geçip arzularının ıslahına yönelik çalışmaya başladığı zaman, hazırlık dönemini artık bitirmiştir ve kitaplarla artık doğru şekilde çalışmaya başlamıştır, yani ifşa olmuş halleriyle. Aslında bu safha hem ıslah hem de Yaradanın ifşası denilen safhadır, yani Yaradanın ilahi yönetimi kişiye ifşa olur. Baal HaSulam bu geçişi şöyle anlatıyor:

Gizlilikte kişinin Yaradana ve evreni yönettiğine olan inancı güçlenir. Bu kişiyi kitaplara getirir ve kitapları çalışmasında ıslah eden ışığı çeker ve Yaradanın ilahi yönetimine olan inancını nasıl güçlendireceğini anlar.

Yaradanın ilahi yönetimine doğru inancını güçlendirmede harcadığı çaba belli bir miktara ulaşınca Işık o noktada kişiyi etkiler ve o zaman Yaradanın kişiyi görünür şekilde yönetmesine hazır olur ve Yaradanın ifşası bu noktada olur. Yaradan bu durumda herkese arzularına göre kendisini "iyi ve merhametli olan" olarak ifşa eder.

Başka bir deyişle, kişi egosu vasıtasıyla özgür seçim olarak hissettiklerini değil, Yaradanla bağ kurma arzusunun sonucu olarak Yaradanla aynı niyeti hisseder. Kişi için "özgür seçim" denilen o mesafe artık kapanır ve haz olarak hissedilir, bir görev ya da mücadele olarak değil. Ve şu şekilde açıklıyor:

Kişi Yaradanın iyiliğini, sükunetini, sürekli tatminliğini hisseder, kişi her zaman çaba sarf etmeden kendisine yetecek kadar para kazanır, başı belaya girmez ve hastalık yaşamaz; kendisine saygı duyulur ve başarılıdır. Bir isteği olur, dua eder ve anında Yaradandan karşılığı gelir. Ne kadar çok iyilikler yaparsa o kadar çok başarılı olur ve terside geçerlidir eğer az iyilik yaparsa o kadar az başarılı olur.

Bu sözlerle ne demek istiyor? Algıladığı her şey tatmin edicidir. Artık realitenin dışında bir şeylerin olduğu hayali yoktur. Dışarıda olabilecek bir şeye hiç bir özlemi yoktur; her şey içinde ifşa olur. Ve kişi Yaradanın kişiye olan ilahi yönetimini görür; idrak eder, kendisine olan her şeyin sebebini anlar. Bu durumda kişiye olan şey zaman ve yer kavramları üzerinde bir hisle yaşar bu yüzden şu ana kadar olan her şey değişmiştir. Geleceği, yer ve zaman ötesini görebilir. Islahı sadece geleceğe yönelik olmaz tüm geçmişi de islah olmuş olur. Kişi geçmişteki bilinçsiz hayatında olan her şeyi anlar, çift gizlilikteki ve öncesinde başına gelen tüm kötü tecrübeleri, Yaradanın ve diğer insanların kendisine iyi davranmadığını düşündüğü zamandaki olayları dahil. Bunların hepsi ortadan kalkar ve başına gelen olayların nedenlerini tam olarak anlar ve bunların hepsini Yaradanla arasında olan direkt bir ilişkiyle anlar.

Bunu tamamladığı zaman, bir başka safha daha var, daha da yüce ve arı olan Yaradanın ikinci ifşası. Şöyle ki sadece Yaradanın kişi üzerindeki ilahi yönetimini hissetmez, tüm yaratılan varlıklara olan yaklaşımını hisseder ve kişinin de yaklaşımı aynı olur, Yaradanın gördüğü şeyleri görür, Yaradanın istediği şeyleri ister, Yaradanın hissettiklerini hisseder ve tüm bunların yaratılışın tümünü nasıl etkilediğini görür. Bunun ifadesi de "dostunu kendin gibi sev" bir başka deyişle "insan sevgisi" denilen haldir, kişi bu safhayı edindikten sonra perde kalkar ve "Yaradan sevgisi" denilen dereceyi edinir.

Bu en önemli şeydir zira yaratılışın amacı bu. Bunu görerek, kişi hazırlık safhasında neye ihtiyacı olduğunu anlayabilir. Burada bu safhayı edinmek için kişi gelişimine bu manevi halle ilgilenen bir metotla başlamalıdır. "Dostunu kendin gibi sev" koşulunun hissi herkesin ve her şeyin birbiriyle bir bütünlük ve birlik şeklinde işleyişi ve herkesin yani bütünün memnuniyetidir. Bunu yalnız başınıza kitapları çalışarak yapmanız ya da bir kabalistten direkt yön alarak mümkün değildir. Kişinin değişim ve özgür seçim noktasını oluşturduğu yer çevresini inşa etmektedir bu yüzden bir gruba ihtiyaç vardır. Kişi manevi çalışmasını yapabileceği bir ortam, laboratuar oluşturmalıdır ki çalıştıklarını manevi gelişimi için uygulayabilsin ve amaç olan o son safhaya yönelik anlayışı gelişsin. Hocasından ve kitaplardan öğrenilenler ve hayatın akşında olan her şey simulasyon odası gibi düşünebileceğimiz grup içerisinde edinilir.

Kabalistler her zaman bir grup olarak beraber çalışırlar ve amaçları son derece kesin ve net olarak tanımlanmıştır. Amaç; "dostunu kendin gibi sev koşulu olan insan sevgisinden Yaradan sevgisine gelmektir." Kişi Yaradanla sevgi ilişkisini oluşturmak istiyorsa bunun için doğru bir çevre inşa etmelidir yoksa amaca bırakın ulaşmayı kendisini doğru yönlendirmesi bile mümkün değildir.

Egoizmimiz her zaman bize oyun oynar, çünkü Yaradanı hissedemezken kişi Yaradanla ilişkisinin ne safhada olduğunu nereden bilebilir ki? Yaradanı hissedemezken bize olan geri dönüşümünü, yaklaşımını ve yaptıklarını nasıl bilebiliriz ki? Eğer kişi Yaradanla bağ kurmak istiyorsa önce Onu ifşa etmek zorundadır.

Bu yüzden Kabalistler bir grup içinde çalışırlar ki ulaşmak istedikleri şeyin sistemini anlayabilsinler. Bir pilot yetiştirmek gibidir. Pilotu simülatöre koyuyorsunuz. Simülatörde ne var peki? Bir kutu! Önünüzde gördüğünüz şey bir resim ve uçakta olabilecek şeyleri gösteriyor. Yeni bir pilotken onu alıp direkt bir jumbo jete koyup hadi bakalım deyip uçağa koyup nasıl uçacak bir görelim demiyoruz. Elbette hayır. Onu alıp kontrollü bir ortamda, olabilecek her türlü olayın, koşulun kontrol edilebileceğini öğrenebileceği bir çalışma ortamına koyarsınız. Elektronik bir sürü cihazın arasında ekrandaki resimlere göre nasıl uçacağını, ineceğini ve her türlü olabilecek acil duruma nasıl yaklaşacağını ve çözeceğini öğreniyor. Hiç gitmediği bir ülkedeki hava alanına nasıl ineceğini bile, çünkü ülkelerin havaalanları bile bu simülasyonlarda var.

Gruptaki her kes aynı amaca yönelik çalıştığı için kişi grup içinde çalıştığı zaman direkt yaptığı her şeye yönelik anında geri dönüşüm alır. Kişiye olabilecek en kötü şey eline geçen bu şeyle ne yapacağını anlayamamasıdır. Yaptığınız çalışmada, kişinin insan sevgisine yönelik olan çalışmasında kendisini test edebileceği, yolda nerede olduğunu görebileceği, ölçebileceği ve konsantrasyonunu dağıtmayacağı bir ortamı olursa o mükemmel çevre kişi için ideal gelişim ortamı olur.

Problem şu; kişi manevi çalışmaya geldiği zaman, maneviyata yönelik çok küçük bir arzuyla gelirler. Dünyevi şeyler için arzuları çoktur ama Yaradana yönelik çok küçüktür. Ama eğer Yaradana yönelik arzusu olan bir grup insanı bir araya getirecek olursak o zaman bu arzu kişiyi doldurur. Sadece kendi arzularıyla ilerlemezler, herkesin arzusuyla ilerlerler. Dostunu kendin gibi sev koşulu kişinin bilinci ve dünyaya etkisi açısından son derece büyük etkileri vardır. Kişi Yaradan sevgisine insan sevgisine gelir çünkü hepimizin toplamı bir ruh etmektedir. Bu yüzden maneviyata giriş yalnız yapılamaz çünkü her birimizin birbirimize bağlı oluşu bilinci maneviyata giriştir. Bütün bu elementlerle çalışarak kitaplar, doğru rehber (Kabalist), doğru bir çevre bunların seçiminde ve inşa edilmesinde özgür seçimimiz var. Manevi dünyaya kabalistler bu çalışmayı yaparak girerler.

Yolculuğumuzun derinliğine devam edeceğiz, bir sonraki derste görüşmek üzere.

Ders 14 – Cansız, Bitkisel, Hayvansal, İnsan

Bu derste, tabiatta var olan dört seviyeyi inceleyeceğiz: durağan, bitkisel, hayvansal ve insan seviyelerini.

Bu seviyeleri, yeryüzündeki hayata beş duyu organımız ile baktığımız şekilde tanıyoruz. Fakat realite kök ve dal şeklinde oluşmuş olduğundan dolayı, yani, bu duyularımızdan gizli olan bir seviye, sebeplerin bulunduğu bir kuvvet olduğundan dolayı, algılayabildiğimiz şey, yalnızca bu kuvvetin sonucudur. Yani burada gözlemlediğimiz varoluşun bu dört seviyesi, gizli olan Üst Kuvvetin dört seviyesinin dallarıdır. Onları görüyoruz, fakat onlarla ilgili gerçekten bir şeyler anlayabiliyor muyuz? Bu konuya beraber bir bakalım.

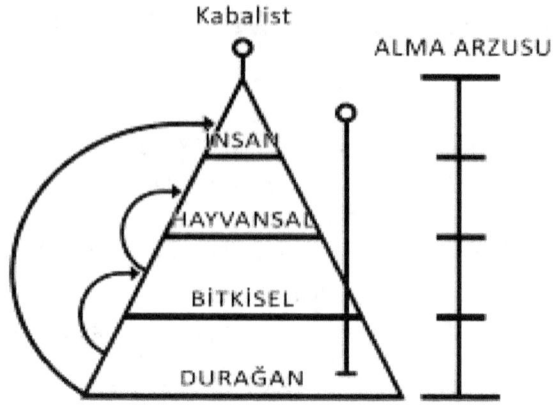

Fiziksel dünyada, realitenin bu dört parçası, miktarları açısından bir piramit içerisinde dağıtılmıştır. Piramidin tabanında en büyük miktar mevcut; durağan seviye. Kabalistlere göre, burada ölçtüğümüz şey yalnızca bir madde yığını değil, dal seviyesinde anlamlandırabileceğimiz bir şekilde oluşan kökteki bir kalitedir ve bu kalite alma arzusudur. Fiziksel dünyada var olan tek şey alma arzusudur, dolayısıyla gördüğümüz her şey alma arzusunun ifade edilişidir. Bu sebepten dolayı, tüm evrende bulunan sert madde durağan seviyede bulunur, tüm kayalar, gezegenler vesaire ve varolan şeylerin en büyük kısmı durağan seviyededir, çünkü bu seviyenin alma arzusu ufacıktır. Sadece bu seviyede alma arzusu neredeyse yok. Bu yüzden değişme arzusu ve yeteneği çok azdır. Ve herhangi bir yöne hareket etmesi için muazzam çabalara gerek olur.

Bu seviyenin üstünde bitkisel seviye vardır var olan tüm organik bitkisel madde. Alma arzusunun bu seviyesi durağan seviyeden çok daha büyüktür, boyut olarak daha büyüktür, hatta tek bir çiçekteki, tek bir bitkideki alma arzusu, evrendeki tüm durağan seviyenin alma arzusundan büyüktür. Alma arzusunun boyutundaki bu fazlalık sayesinde, büyüme yeteneğine sahiptir. Kendisi için neyin iyi ve neyin kötü olduğu konusunda ayırt edebilir ve çok kısıtlı bir büyüme şekli vardır, güneşe doğru ve topraktan belli maddeleri alarak vesaire. Basit bir hayat formudur.

Bunun üzerinde hayvansal seviye vardır. Hayvansal seviyedeki bir hayvanın, örneğin bir sineğin durağan ve bitkisel seviyelerinin toplamından fazla alma arzusu vardır. Bu sebepten dolayı kendi bireyselliği içerisinde gelişir; kendi iyiliğini arar ve sıhhati için iyi ve kötü olan şeyleri ayırt eder kişisel olarak.

Bunun üzerinde ise insan seviyesi vardır. Bu seviyedeki alma arzusu, altında bulunan tüm seviyelerin alma arzusundan büyüktür; tümünü kapsar. Bu seviyede "zihin" ve "kalp" dediğimiz bir şey vardır. Bu bileşenler sayesinde, hayvanlar gibi yalnızca şimdiki anı deneyimlemekle kalmayıp, zihin ve kalp ile şu an karşımızda bulunmayan şeyleri telafi eder. Bu, alma arzumuzu muazzam bir seviyeye ulaştırır. Bu seviye, altında bulunan tüm seviyeleri kapsar ve tümünü etkiler. Yani, insanın içsel hayatı, evrende bulunan her şeyin koşulunu belirler, çünkü tümü aslında insanın bir parçasıdır.

İnsanın alma arzusu maksimum seviyeye kadar geliştiğinde, bizim "konuşan" dediğimiz veya sizlerin "Kabalist" dediğiniz seviyeye ulaşır. Bu noktada apayrı bir düzen belirir ve bu dört seviye deneyimlenir veya en azından manevi boyutta deneyimlemek mümkün olur.

Burada biraz farklı bir düzen görürüz, çünkü sadece bir niteliğin miktarı değil, miktar ile nitelik arasında kıyaslama söz konusudur burada. Burada durağan, hayvansal seviyeler farklı isimlerle geçer ve bunları Kabalistik yazıtlarda görürsünüz.

Durağan seviyeye "saraylar" denir, bitkisel seviyeye ise "kıyafetler" denir, hayvansal seviyeye "melekler" denir ve konuşan seviyeye "ruhlar" denir. Ve tüm bunlar iki nitelikten oluşur; alma arzusu ve ihsan etme arzusu. Diğer bir deyişle, kişi bir kere manevi seviyeye ulaştığında, kişi burada bulunan seviyelerde yükseldikçe, ihsan etme arzusunun sürekli arttığı bir işlemden geçer. Ve elbette, tüm bu seviyelerin üstünde bir diğer seviye vardır ve bu seviye tamamıyla saf ihsan etme arzusundan oluşur ve buna verilen isim "Yaradan"dır.

Bunlar çok gizemli terimlerdir ve eminim bunları Kabalistik yazıtlarda okumuşsunuzdur. Gelin, bu terimlerdeki gizemi ortadan kaldıralım; bunun anlamının ne olduğunu açıklayan Baal HaSulam'ın bir makalesine göz atalım. "Şamati" kitabından 115 No'lu makaleden okuyoruz. Bu şekilde açıklıyor:

Durağan, kendi otoritesi olmayan bir varlıktır. O tümüyle sahibinin kontrolü altındadır ve ev sahibinin tüm istek ve arzularını yerine getirmelidir.

Hatırlayın, içsel üst hayattan bahsediyoruz ve şunu anlamalıyız ki durağan manevi seviye, tıpkı fiziksel seviye gibi, kendisi üzerinde herhangi bir özgürlük veya güce sahip değildir, çünkü özgürlük ve manevi hayat, kendini kontrol edebilme ile başlar. Arzularını kontrol edemeyen kişi, manevi açıdan durağan sayılır.

Yaradan'a ulaşmak için çaba gösteren kişi, önünde sonunda öyle bir koşula gelir ki tabiatının üzerinde hiçbir gücünün olmadığını fark eder. Bu ise, egoizmini kontrol edebilmesi için Yaradan'dan talepte bulunmasına yol açar ve kişinin tabiatını oluşturan şey de egoizmin kendisidir.

Üst Kuvvet'ten kendisine güç vermesini ister, fakat bunu, bu dünyada istediği şeyi yapabilmesi için istemez; bu dünyadaki güçlü kişiler bu şekilde davranırlar. Onlar ağır basan tek bir arzuya kilitlenmişlerdir ve tüm yaptıkları bu arzuyu takip eder. Bu sebepten dolayı, bu tarz bir insan daha da büyük bir egoist olur. Tüm küçük arzuları, tek bir kuvvetli bencil arzuya hizmet eder, fakat manevi yol farklıdır.

Bu yolda, kişi öyle bir duruma gelir ki tüm arzularını Yaradan'ın isteğine bırakır ve esasen bunu yaparak özgür iradesini kullanmış olur ve aynı zamanda egoizmini kontrol etmiş olur. İstediği şey, Yaradan'ın niteliklerinin kendisini hükmetmesidir, fakat Yaradan zaten kendisine hükmetmektedir, onu zaten her şekilde kontrol etmektedir, fakat kişi yine de bu koşula kendi hür iradesi ile gelmek ister. Kendisi bilmek ve anlamak ister ve Yaradan'ın kendisi üzerindeki gücün tadını çıkarmak ister. Ayrıca Yaradan'ın tüm düşüncelerini ve arzularını kendi üzerine almak ister, tıpkı bir atın binicisinin tüm komutlarını kendi üzerine aldığı gibi. Yani manevi durağan seviyede, kişi Yaradan'ın kendisi ile yapacağı şeyler ile pek hemfikir olamaz, fakat öyle bir seviyeye ulaşmıştır ki efendisinin tüm arzularını yerine getirme ihtiyacını hisseder.

Baal HaSulam devam ediyor:

Yaradan, yaratılanı ilk yarattığı zaman kendi görkemi için yarattı ve şöyle yazar "benim ismimle anılan herkes ve yarattığım herkes benim görkemim için", bu demektir ki O, yaratılanı kendi ihtiyacı için yarattı. Ev sahibinin duası yaratılanlarda mevcuttur, bu şu demektir ki tüm yaratılanlar, kendilerinden bir başkası için çalışamazlar.

Yaradan, tüm yaratılanları kendi iyiliği için yarattığından dolayı, kendi tabiatı yaratılanlarda da mevcuttur. Yani, yaratılan her varlık da aynı şekilde yaptığı her şeyi kendi iyiliği için yapar. Yaratılmış olan her şey aslında tek bir amaca hizmet etmektedir ve bu amaç, tüm bu ufak arzuları nihai ve en çok doyum veren arzuya getirmektir. Yaratılışın tüm seviyelerindeki arzunun gözlemlediğimiz bu denli büyümesini gözlemlememizin sebebi de budur. İnsan bunu hissetmeye ve anlamaya başlıyor ve Efendi'nin niteliklerinin kendi niteliklerinden tamamıyla farklı olduğunu ve bu konuda kendisinin yapabileceği bir şey olmadığını biliyor. Bu, durağan seviyedir kişinin bu konuda yapabileceği bir şey yoktur.

Baal HaSulam devam ediyor:

Bitkisel, az da olsa kendi otoritesine sahip olandır. Bazı şeyleri ev sahibinin fikrine karşı olarak yapabilir, demektir ki bazı şeyleri kendisi için değil ama özgecilce yapabilir. Bu şimdiden ev sahibinin iradesinin tersinedir. Yani yaratılanların içinde olan kendileri için arzulamak hissine terstir.

Fiziksel dünyevi bitkilerde de gördüğümüz gibi yükseklik ve genişlik olarak büyümelerine rağmen tüm bitkilerin tek bir özelliği vardır. Bir başka deyişle, bir bitki diğer hiçbir bitkinin yetişme metoduna aykırı davranamaz ve tüm bitkilerin kurallarına uymak zorundadır ve kendi nesillerinin davranış zihnine aykırı hareket edemez.

Dolayısıyla kendilerine ait bir hayatları yoktur, ancak diğer tüm bitkilerin hayatlarının parçasıdır, demek ki tüm bitkiler tek bir çeşit hayata sahiplerdir. Tüm bitkiler tek bir canlı gibidirler ve tüm bitki çeşitleri bu varlığın organları gibidir.

Yani bütün bitkiler aynı şekilde varlar, sanki tümü aynı bitkinin parçalarıymış gibi belirlenmiş olan yılın belli zamanlarında büyümeye başlarlar, solarlar ve ölürler ve her şey önceden programlanmıştır ve hiçbir şey onların yaptıklarına bağlı değildir. Arzuları ne olursa olsun, gelişirler ve büyürler.

Baal HaSulam der ki:

Buna benzer olarak maneviyatta kendi arzularını aşabilecek gücü edinmiş insanlar vardır, bunu içinde bulundukları çevre dâhilinde bir dereceye kadar yapabilirler. İçinde yaşadıkları çevrenin tersine davranamazlar ama istemek arzusuna ters davranabilirler. Bu demektir ki zaten özgecil bir yapı içerisinde işlemektedirler.

Yani durum maneviyatta da aynıdır. Alma arzularının üstesinden gelmek için gücü çok az olan kişiler, tamamıyla toplumlarının kölesi durumundadırlar. Bunun etkisini anlayamazlar ve bunun dışında çalışamazlar, fakat alma arzularına içsel olarak karşı çıkmaya çalışırlar, yani ihsan etme arzusu ile çalışmaya başlamışlardır ve bu kişiler içsel olarak özgürdürler, fakat tamamıyla toplumlarına bağımlıdırlar, tıpkı bitkilerin bitkisel seviyelerdeki gibi.

Biktisel seviyede özgür bir arzu kısmen tezahür eder. Efendisinin arzusuna karşı çıkabilir. "Efendisinin arzusu" derken, burada alma arzusunun emirlerini, egonun hükümdarlığını kasteder. Bu kişiler kısmen egonun kendisine söylediklerine karşı çalışabilir, çünkü bu seviyedeki bir aracı edinmişlerdir, bir perde edinmişlerdir ve artık arzular ile çalışabilirler. Arzularla çalışma şekilleri ise şöyledir: Kişi efendinin arzusuna, yani kendi tabiatına karşı çıkar. Yaradan'ın kendisine vermiş olduğu tabiattır bu; yani egoizmi.

Bu noktada, tabiatının doğrudan Yaradan'dan geldiğini algılar, fakat bu sefer de kendi içsel niteliği ile hemfikir değildir ve bu niteliğini zıt bir tutum ile etkilemek ister. Yani, bitkisel seviyedeki kişi, sadece kendisi için davranmaktan öte, artık verebilmektedir. Bu ise, efendinin arzusu ile ters düşmektedir.

Bu alma arzusu bizlere yaratıldığımız zaman verildi. Yani bir yandan Yaradan içimize arzu yerleştirdi ve bizleri doldurmak istiyor, diğer yandan ise, kendi niteliği olan ihsan etme niteliğini edinmemizi istiyor. Yani, bu arzuların ikisi de Yaradan'a ait.

Her ne kadar egoist arzuya daldırılmış durumda olsak da, aynı zamanda Yaradan'ın esas arzusuna dâhilizdir. Diğer taraftan, sonunda ihsan etme arzusunu edindiğimizde, halen Yaradan'ın arzusunun içerisinde kalırız. Bunun sebebi, Yaradan'ın arzusundan, O'nun üzerimizdeki gücünden başka bir şeyin olmamasıdır. "O'ndan başkası yok" sözlerinin anlamı budur.

Fakat kişi, hangi kuvvete kendini bırakacağını ve Yaradan'ın arzusunun hangi tarafının kendisini etkileyeceğini seçebilir. İkisinden birini seçebilir. O zaman neden bu arzularının ikisini de aynı şekilde hissetmiyoruz?

Üst realitede, manevi dünyaya girip yükselmeye başladığımızda, orta çizgide yükseliriz. Yani bu iki seçim (ister egoizmin, ister özgeciliğin gücü altında olsun) tarafımızdan eşdeğer olarak algılanır. Bu koşula verilen isim ise "Klipat Noga"dır ve ihsan etme ile alma arasındadır. Kişi bu nötr koşula ulaştığında, kendi seçimlerini yapma konusunda özgür olur ve "özgürlük" dediğimiz şey de budur.

Baal HaSulam devam ediyor:

HAYVAN: Görüyoruz ki her hayvan kendine has bir karaktere sahip; belli bir çevrenin sınırlarıyla kısıtlı değil ve her biri kendi karakterine ve duyarlılığına sahip. Kesinlikle ev sahibinin arzusuna ters davranabilirler, demektir ki özgecil olarak davranabilirler ve içinde bulundukları çevre ile sınırlı değildirler, kendi hayatları ile sınırlıdırlar. Canlılıkları arkadaşlarının hayatlarına bağlı değildir.

Yaratılmış olan her hayvanın kendine has özellikleri vardır. Çevresinin kölesi değildir, kendi nitelikleri ve duyguları vardır. Fiziksel dünyada, her hayvanın serbestçe ve diğerlerinden bağımsız olarak hareket edebildiğini, fakat yine de kendi türlerine has olan kanunların dışına çıkmadıklarını gözlemleriz. Hayvanların nefes aldıklarını ve yılın belirli zamanlarında kış uykusuna yattıklarını görürüz. Tıpkı bunun gibi, manevi dünyada hayvan seviyesindekilerin de kendilerine has duyguları ve nitelikleri vardır. Artık toplumun kölesi değildir ve efendisinin arzusuna (alma arzusuna) karşı gitmek için bitkisel seviyeden daha büyük ölçüde özgürlüğü vardır.

Kendi ortamını yaratabilir. Doğal, egoist toplumuna halen kısmen ihtiyacı vardır, ama ona tamamen bağımlı değildir. Kendi mevcudiyetlerinden daha fazlasını hissedemezler. Bir başka deyişle bir başka varlığı hissedebilme duyusu yoktur ve doğal olarak başkasına bakamaz.

Hayvan seviyesi, yüksek derecede özgürlüğe sahiptir, fakat önemli bir şeyi eksiktir, yalnızca kendini hissedebilmektedir.

"Şimdide olmak" kelimelerinin anlamı budur. Diğerlerini hissetmez ve birbiri ile bağlantılı olan seviyeler, en üst seviyelerdir.

Baal HaSulam, konuşan seviyeyi ise şöyle tarif ediyor:

Konuşanın faziletleri vardır: 1. O ev sahibinin arzusuna karşı hareket eder. 2. Büyüyen varlıklar gibi kendi neslinin içinde bulunmak zorunluluğu yoktur, demektir ki O toplumdan özgür davranabilir. 3. Ayriyeten O başkalarını hissedebilir, başkalarına karşı sorumluluk edinebilir ve tüm toplumu tamamlayabilir ve özlemini çekebilir.

Ayrıca tüm toplumun avunmasıyla mutluluk duyabilir ve hem geçmişten hem de gelecekten bu hisleri edinebilir. Hayvanlar ise sadece bu anı ve kendi varlıklarını hissederler.

Diğer bir deyişle:

1) Efendisinin arzusuna tamamen karşı çıkabilir, almaktan ziyade ihsan edebilir.

2) Bitkilerden farklı olarak başka kişilere bağımlı değildir. Yani, kendi çevresinin onu doldurmasına bağımlı değildir.

3) Diğerlerini hisseder ve böylelikle onlara bakabilir ve ihtiyaçlarını karşılayabilir. İhsan etmek budur. Yaradan'ın yaptığını yapabilme kabiliyetine sahiptir. Toplum ile içerisinde bulunduğu ilişki, olgun bir

kişininkidir. Bir toplum yaratabilir ve bu toplumun içerisinde tamamen efendiye zıt biçimde davranabilir ve böylelikle tamamen özgecil bir toplum oluşturabilir.

Egoist niteliklerini sıfırlamaya başladığında, kendisini artan bir şekilde seçtiği toplum ile bağ içerisinde bulur. Kendisi ve bütün arasında daha gerçek bir niteliğin var olduğunu keşfeder. Bu, mutlak sevginin seviyesidir, İnsan'ın Yaradan ile eşit duruma geldiği seviyedir. Toplumun ızdırabını paylaşabilir, yani onların arzularını, boş kaplarını edinir. Ayrıca hazlarını da paylaşır, yani artık, bütün toplumun hissedebileceği biçimde, onların ihtiyaçlarını kendi içinde haz ile doldurur. Bunu yaparaktan, insan ruhunun köküne yükselir ve tüm diğer ruhları kendinde barındırır. Kolektif ruh olan Âdem gibi olur ve tüm diğer ruhları ıslah eder. Diğerleri bu ıslahı henüz hissetmezler, fakat bu seviyedeki kişi, diğerlerinde bulunan kendi parçasını ıslah eder. Ve diğerlerini kendisine ıslah olmuş kendi parçası olarak dâhil ederek, kendi şahsi son ıslahına ulaşabilir. Artık hem geçmişten hem de gelecekten alabilir ve buna kıyasla manevi hayvan seviyesindeki kişi, kendini sadece şimdide hissedebilir.

Zohar'ın Kilidini Açmak

Michael LAITMAN

AÇIK KİTAP

"Bana kalbinde bir iğne ucu kadar yer aç,
Sana dünyaları ifşa edeceğim"

Michael LAITMAN

KABALA'NIN TEMEL KAVRAMLARI

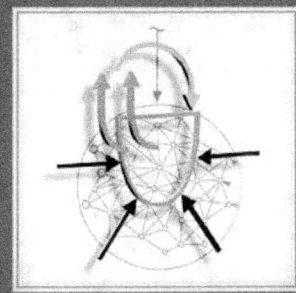

OTANTİK KABALA BİLGELİĞİNE GİRİŞ

Michael LAITMAN

"Bana kalbinde bir iğne ucu kadar yer aç,
Sana dünyaları bahşedeceğim"

ÜST DÜNYALARI EDİNMEK

Michael LAITMAN

Yarının Çocukları

21. Yüzyılda
Mutlu Çocuklar Yetiştirmek İçin Temel Esaslar

Michael LAITMAN

ERDEMLİĞİN İNCİLERİ

Tüm nesillerde yaşamış
Yüce Kabalistlerin sözleri

Michael
LAITMAN

Michael LAITMAN

Ruh ve Beden
YAŞAMDA YAPTIĞIMIZ HER ŞEY DOĞANIN TAKLİDİDİR.

İnsanın tüm işi ve düşüncesi (teknoloji, müzik, sanat) her şey, doğayla benzer olma amacına dayanır.

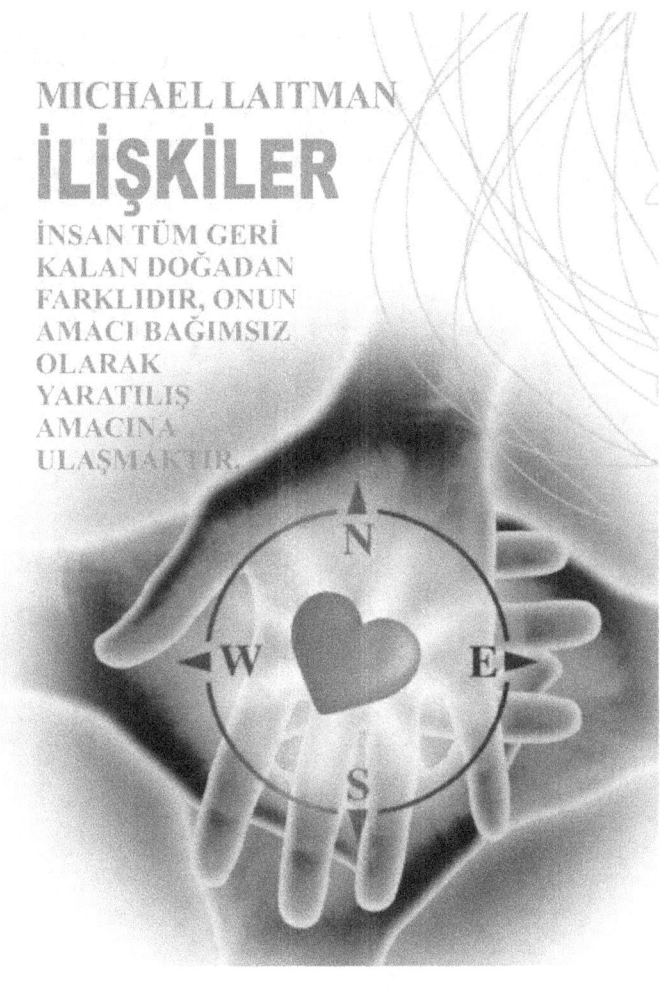

MICHAEL LAITMAN

İLİŞKİLER

İNSAN TÜM GERİ
KALAN DOĞADAN
FARKLIDIR, ONUN
AMACI BAĞIMSIZ
OLARAK
YARATILIŞ
AMACINA
ULAŞMAKTIR.

Michael LAITMAN

Kalpteki Nokta
Ruhumun Işık Kaynağı

Michael LAITMAN

Dost Sevgisi

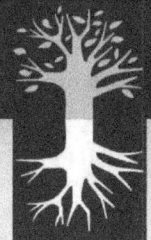

Dostunu kendin gibi sev.

Michael LAITMAN

NİYETLER
Niyet, eylemden önce gelir.

ONLİNE KABALA KURSLARI

Bney Baruh Kabala Eğitim Merkezi'nin misyonu, İnternet üzerinden dünyanın her bir yanındaki insanlara otantik Kabala konusunda yüksek kaliteli eğitim olanakları sağlamaktır.

http://em.kabala.info.tr/

www.ingramcontent.com/pod-product-compliance
Lightning Source LLC
Chambersburg PA
CBHW071448080526
44587CB00014B/2036